U0963406

# 从“综合交通枢纽”到“城市新客厅”

## ——济南东站规划设计研究与实践

陈思斌　王伯芝　主编

山东大学出版社

图书在版编目(CIP)数据

从"综合交通枢纽"到"城市新客厅"：济南东站规划设计研究与实践 / 陈思斌，王伯芝主编. — 济南：山东大学出版社，2019.12
ISBN 978-7-5607-5971-5

Ⅰ. ①从… Ⅱ. ①陈… ②王… Ⅲ. ①城市铁路—交通运输中心—交通规划—研究—济南 Ⅳ. ①U239.5

中国版本图书馆CIP数据核字（2020）第000132号

责任编辑：李艳玲
封面设计：李慧涵

---

出版发行：山东大学出版社
社　址：山东省济南市山大南路20号
邮　编：250100
电　话：市场部（0531）88363008
经　销：新华书店
印　刷：山东新华印务有限责任公司
规　格：720毫米×1000毫米　1/16
10.25印张　175千字
版　次：2019年12月第1版
印　次：2019年12月第1次印刷
定　价：78.50元

---

版权所有，盗印必究
凡购本书，如有缺页、倒页、脱页，由本社营销部负责调换

# 《从“综合交通枢纽”到“城市新客厅”》

## 编委会


**主　　编：** 陈思斌　王伯芝

**副 主 编：** 吕　杰　王国富　潘　军　李　虎　刘　艺

**参编人员：** 张骞之　李勤兴　郭继杰　韩　刚　张　伟　傅海涛　郭建民　余朝玮　马　佳　程　斌　沈艳峰　高晓霞　张　峰　倪振杰　王威汐　刘春龙　夏显德　池　磊　俞　雷　黄华琪　张毅彬　刘　锟　徐洪栋　廉英豪　张亚倩　王吉昌　王　萌　王　维　任　杰

# 序

山东省济南市是环渤海地区南翼中心城市，是连接华东、华北和中西部地区的重要交通枢纽之一，地理位置优越，交通发达。目前，济南境内有京沪、胶济、邯济高速铁路以及胶济客专等五大铁路干线，聊城、德州、泰安、滨州等城际铁路亦会引入济南，最终将形成以济南站、济南东站、济南西站和济南北站为主的四大客运站格局。

济南东站位于济南市东部“城市次中心”的新东站片区。随着济南东站的建设以及东部老工业区企业搬迁改造的不断推进，片区将形成以交通枢纽功能为先导，以发展现代服务业、战略性新兴产业为主导，配套服务设施完善的城际新门户、产业新高地、城市副中心、枢纽新城区，进一步发展为济南未来经济发展的增长极和空间扩展的战略性地区。

在这样的背景下，以济南东站为核心，规划东部综合交通枢纽，建成集火车站、长途客运站、轨道交通站和快速公交（BRT）/ 常规公交站于一体的、多种方式无缝衔接的现代化大型综合交通枢纽，打造济南对外综合交通枢纽典范，成为一项具有创新性和挑战性的任务。工程建设历时近 3 年，于 2018 年年底顺利启用。作为济青高铁的始发终到站，原来两个半小时的动车高铁车程缩短至 1 个小时。此外，济青高铁将与青荣城际铁路、青连铁路等线路连接，未来济南到烟台、日照也将缩短到 2 小时左右，进一步拉近济南市与周边城市的时空距离。

济南东站片区的规划建设具有前瞻性。片区在新城市主义理念的指导下，注重小街区的打造，建设和谐宜居的邻里社区。片区规划以公共交通为导向，围绕站点进行一体化设计，实现土地高强度混合利用和开发，居民将享受 15 分钟生活圈，居住、上班、医疗、教育和购物等需求都可实现。济南东站片区作为济南“东拓”战略的重要一环，将依托高铁枢纽带来的区位优势，成为重要的产业新高地。同时，济南东站片区的规划建设，是以国际水准打造的一张济南城市新“名片”，在国内具有示范意义。

济南东站综合交通枢纽规划设计充分与城市设计相呼应，兼具服务综合交通与服务周边城市的双重属性。除了发挥交通功能外，枢纽的设计也注重城市功能性空间规划，将面向城市的站前空间打造为迎接旅客及居民休闲的“城市客厅”。枢纽不再是一座嵌入城市的“孤岛”，小尺度的广场及建筑布局拉近了城市与枢纽的空间距离。未来济南东站片区将发展成为宜居、宜业、宜创、宜游的魅力新城。

2019 年 7 月

# 前　言

2018 年 12 月 26 日，位于济南市中心城东北部的济南东站建成启用。作为济南铁路枢纽“四主两辅”客运站中的“四主”之一，济南东站将成为泉城济南的“新窗口”。

济南东站是济南接驳功能最为齐全的交通枢纽，集高速铁路、城际铁路、轨道交通、公路客运、公共交通、出租客运等多种交通方式于一体，是服务山东省会城市群的现代化区域性综合交通枢纽。济南东站是济青高铁的始发站，是多条城际铁路如济莱、济滨、济泰等的始发枢纽站，是石济客运专线的终点站、青太客运专线的中间站；此外，它还通过联络线连接胶济客运专线、郑济高速铁路、京沪高速铁路等。

济南东站片区作为济南市“东拓”战略的重要区域，属于“五个次中心”之一。片区依据卡尔索普“新城市主义”和可持续发展理念进行规划，打造以公共交通为导向的土地开发模式，建设集约紧凑、功能多样、具有活力的城市空间。拥有高铁站的东站片区在城市设计层面被定位为济南“城市新门户”，济南东站交通枢纽被赋予兼具服务交通与服务城市的双重属性。面向城区的枢纽南侧进站高架桥内置于站房与铁路车场之间，使枢纽站房、城市广场和城区之间没有明显的分隔。东站南侧区域被打造成为“城市新客厅”，使未来济南东站片区不但是济南东部新城的迎客之窗，也是留客之地、待客之庭。

基于济南东站枢纽定位及东站片区规划思路，济南轨道交通集团有限公司委托多家国内外咨询机构，陆续开展了多项研究工作，主要有：济南东站枢纽功能和规划布局研究、济南东站枢纽综合交通规划研究、济南东站站房设计研究、“城市客厅”理念的探索与实践研究以及枢纽开发运营及商业策划的研究。这些研究成果，都不同程度地反映到本书中。全书主要有以下内容：

1. 济南东站综合交通枢纽的由来；
2. 济南东站综合交通枢纽基本功能与规划布局；
3. 济南东站综合交通枢纽规划；
4. 济南东站枢纽站房设计方案；
5. “城市新客厅”规划理念探索与实践；
6. 济南东站综合交通枢纽开发策划；
7. 济南东站枢纽站前商业策划。

本书较为全面地展示了济南东站枢纽在规划设计时取得的丰硕成果以及在“新城市主义”理论指导下对“城市客厅”的探索，希望借此机会与广大设计者和建设者沟通交流，为其他地区的枢纽建设提供参考。由于时间仓促，缺点和不足在所难免，欢迎有关专家、同行及广大读者提出意见和建议，以便我们今后改进。

编　者

2019 年 8 月

# 目 录


**第 1 章 济南东站综合交通枢纽的由来 1**

1.1 “城市群”战略 2

1.1.1 “城市群”战略产生的历史背景 3

1.1.2 城市群对于济南的机遇与挑战 4

1.2 济南城市发展的空间结构 5

1.2.1 城市地理位置及城市形态分析 5

1.2.2 城市发展战略 6

1.2.3 城市功能定位及职能 7

1.2.4 城市空间结构及拓展方向 9

1.3 优化城市交通布局 9

1.3.1 铁路枢纽现状分析 11

1.3.2 铁路枢纽发展规划分析 12

1.3.3 济南东站综合交通枢纽功能定位 13

1.3.4 公路客运现状及发展规划 16

1.3.5 城市公共交通现状及发展规划 18

1.4 与遥墙机场实现空铁一体化 20

1.4.1 区域综合交通运输体系发展规划 20

1.4.2 济南东站为遥墙机场输送客流 21

1.4.3 重要铁路枢纽与机场衔接方案 22

1.5 济南东站建设大事记 22

1.6 济南东站交通枢纽建设意义重大 24

1.6.1 济南东站的建设有利于提升城市服务功能 24

1.6.2 济南东站的建设有利于促进济南东部新城发展 24

1.6.3 济南东站的建设有利于实现城市可持续发展 25

**第 2 章　济南东站综合交通枢纽基本功能与规划布局　26**
**2.1　综合交通枢纽功能定位及区位研究　26**
2.1.1　综合交通枢纽功能定位研究　26
2.1.2　济南东站片区 TOD 规划及城市设计解析　27
**2.2　济南东站综合交通枢纽对片区交通的影响分析　33**
2.2.1　城市综合交通枢纽对城市空间结构的影响分析　33
2.2.2　济南东站综合交通枢纽对片区交通的影响分析　35
**2.3　综合交通枢纽设施构成及布局策划　36**
2.3.1　枢纽区域空间对设施布局的影响分析　36
2.3.2　案例借鉴——杭州东站　37
2.3.3　综合交通枢纽设施规模分析　39
2.3.4　综合交通枢纽设施衔接及布局　41

**第 3 章　济南东站综合交通枢纽规划　42**
**3.1　所在片区城市总体规划　43**
3.1.1　王舍人片区规划　43
3.1.2　张马片区规划　48
**3.2　枢纽交通现状与规划分析　50**
3.2.1　枢纽交通现状分析　50
3.2.2　枢纽交通规划分析　51
**3.3　枢纽交通需求和模式分析　51**
3.3.1　交通总量分析　51
3.3.2　交通出行分布分析　52
3.3.3　交通模式分析　53
**3.4　枢纽交通组织原则　54**

3.4.1　设计目标　54
3.4.2　交通组织原则　55
**3.5　枢纽快速集散系统分析　55**
3.5.1　城市快速轨道交通系统　55
3.5.2　城市快速集散道路系统　55
3.5.3　近期实施建议　56
3.5.4　枢纽快速集散系统评价　58
**3.6　枢纽交通设施规模分析与布局　60**
3.6.1　枢纽交通设施规模分析　60
3.6.2　枢纽交通设施分层布局　63
**3.7　枢纽内部交通组织　66**
3.7.1　枢纽内部交通组织总体原则　66
3.7.2　枢纽内部交通流线组织　67
3.7.3　远期枢纽到发交通流线组织　72
3.7.4　近期（2025 年前）枢纽到发交通流线组织　76
3.7.5　慢行交通流线组织　80

**第 4 章　济南东站枢纽站房设计方案　81**
**4.1　济南东站枢纽站房项目概况　81**
4.1.1　济南东站总体平面布局　81
4.1.2　城市交通引入情况　83
**4.2　建筑方案设计　85**
4.2.1　设计概念　85
4.2.2　效果展示　86
4.2.3　设计方案　89

**第 5 章 “城市新客厅”规划理念探索与实践 94**
5.1 “城市客厅”的城市功能性空间规划 95
5.2 “城市客厅”实践——南广场规划设计 96
5.2.1 城市功能空间设计思路 96
5.2.2 设计理念 97
5.2.3 南广场设计效果 102

**第 6 章 济南东站综合交通枢纽开发策划 105**
6.1 片区发展背景 106
6.1.1 发展基础 106
6.1.2 区域发展背景 107
6.2 片区发展目标梳理 109
6.2.1 片区功能筛选案例分析 109
6.2.2 片区功能确定 110
6.3 片区产业规划研究 111
6.3.1 济南市产业现状分析 111
6.3.2 枢纽片区产业定位 111
6.3.3 枢纽片区产业发展目标 112
6.4 产业规划案例借鉴 114
6.4.1 上海虹桥交通枢纽案例解析 115
6.4.2 日本火车站案例解析 115
6.4.3 案例分析小结 116
6.5 综合交通枢纽投资与收益平衡策划 116
6.5.1 综合交通枢纽投资费用分摊方式 116
6.5.2 综合交通枢纽盈利、运营、投融资分析 117

6.5.3 综合交通枢纽收益与投资平衡分析 120
6.6 **综合交通枢纽运营管理模式策划** 124
6.6.1 综合交通枢纽地下空间功能布局模式分析 124
6.6.2 案例分析 125
6.6.3 综合交通枢纽运营管理模式的研究 131

**第 7 章 济南东站枢纽站前商业策划 135**
7.1 **济南东站片区功能分析** 135
7.1.1 研究方法 135
7.1.2 商务部分调研与分析 136
7.1.3 商业部分调研与分析 137
7.1.4 文化旅游部分调研与分析 138
7.1.5 公共服务部分调研与分析 138
7.2 **站前开发策划** 139
7.2.1 板块一：城市休闲 139
7.2.2 板块二：综合服务平台 142
7.2.3 整体布局建议 143
7.3 **开发策略实施** 144
7.3.1 开发策略 144
7.3.2 开发时序 144
7.3.3 开发模式建议 145
7.4 **站前开发方案及调整建议** 145

**后记 148**

# 第1章

# 济南东站综合交通枢纽的由来

1.1 “城市群”战略
1.1.1 “城市群”战略产生的历史背景
1.1.2 城市群对于济南的机遇与挑战
1.2 济南城市发展的空间结构
1.2.1 城市地理位置及城市形态分析
1.2.2 城市发展战略
1.2.3 城市功能定位及职能
1.2.4 城市空间结构及拓展方向
1.3 优化城市交通布局
1.3.1 铁路枢纽现状分析
1.3.2 铁路枢纽发展规划分析
1.3.3 济南东站综合交通枢纽功能定位
1.3.4 公路客运现状及发展规划
1.3.5 城市公共交通现状及发展规划
1.4 与遥墙机场实现空铁一体化
1.4.1 区域综合交通运输体系发展规划
1.4.2 济南东站为遥墙机场输送客流
1.4.3 重要铁路枢纽与机场衔接方案
1.5 济南东站建设大事记

1.6 济南东站交通枢纽建设意义重大
1.6.1 济南东站的建设有利于提升城市服务功能
1.6.2 济南东站的建设有利于促进济南东部新城发展
1.6.3 济南东站的建设有利于实现城市可持续发展

## 1.1 “城市群”战略

济南市是环渤海地区南翼的中心城市，是连接华东、华北和中西部地区的重要枢纽之一，地理位置优越，交通发达。然而，在当今外向型经济风头正劲的时代，沿海地区因其更便捷的交通、更开放的思维而受益，经济社会发展突飞猛进。济南，如何发挥其省会优势奋而崛起、领一方之先，成为决策者须深谋远虑的一大命题。

早在 2004 年，山东省就开始研究制定济南都市圈规划。以济南为中心的“6+1”都市圈，集中了全省 1/3 的土地面积、1/3 的人口和 1/3 的经济总量，在全省区域发展中肩负着实现中部崛起、带动西部发展的重要使命。历经 3 年的调研、起草、评审，2007 年 12 月 27 日，《济南都市圈规划》正式出台。从这一天起，省会济南的改革与发展便和德州、泰安、聊城、莱芜（现成为济南一个区）、淄博、滨州 6 个城市紧密联系在一起。

济南都市圈辖区总面积为 5.23 万平方千米，共包括 7 个设区城市、6 个县级市、28 个县城、428 个建制镇，规划期限为 2006~2020 年。该都市圈的城市中心体系结构为“双核、多心、网状支撑”。其中，“双核”指济南和淄博；“多心”即 5 个次区域中心城市。规划期间，将重点推进济南中央商务区建设，建设济南科学城，打造鲁西北门户城市带，实施“引岱入济”，培植五大产业基地，构筑出海通道，打通济西走廊，建设城际交通网，开发齐鲁文化产品等十大项目。[①]在这片区域，山东省将济南都市圈定位为“蕴育齐鲁、开放创新的文化型都市圈，生态宜居的环境友好型都市圈，环渤海经济发达地区连接长江三角洲地区、面向中原腹地的枢纽型都市圈，依托山东半岛城市群、辐射黄河中下游的强势龙头，环渤海南翼具有国际竞争力的基础产业、先进

①参见王端鹏、王彬：《济南都市圈：千年古城的大城之梦》，凤凰网，2013 年 8 月 1 日。

制造业和服务业中心”。加强交通等基础设施和产业的衔接，整合旅游资源，加大生态保护和环境治理的协同力度，推进经济、生态、旅游等功能的互补发展，构建要素互补、产业互动的良性发展机制，加快区域商贸物流等一体化进程，促进以济南为中心的 7 个城市的统筹协调发展。

参与制定山东半岛城市群总体规划的吕斌教授认为，济南都市圈承担着强化济青轴线，加强鲁西地区与山东半岛城市群的经济联系，扩大山东省经济腹地范围的重任。这块区域地缘优势十分突出——东与山东半岛城市群紧密相连，西与中原城市群遥相呼应，是山东半岛城市群与中国中西部广袤腹地的衔接地区。济南都市圈的规划建设有利于弥补半岛板块经济腹地偏小的不足。“6+1”城市群战略为济南提供了难得的历史发展机遇。

### 1.1.1 “城市群”战略产生的历史背景

城市群（又称“城市带”“城市圈”等）指以中心城市为核心，向周围辐射构成城市的集合。城市群的特点反映在经济紧密联系，产业分工与合作、交通与社会生活、城市规划和基础设施建设相互影响上。多个城市群或单个大的城市群即可构成经济圈。经济活动的空间组织形态逐步趋向于区域一体化发展格局，城市群的构建与发展成为区域经济发展和区域经济一体化的主要特征和模式。区域经济一体化的发展对于缩小地区经济差距、促进区域协调发展具有极其重要的作用，它在很大程度上是通过城市群的发展来推动和实现的。

从概念的起源看，“城市群”一词是从“大城市”演化而来的。戈特曼首次以 Megalopolis 为“城市群”命名，其重要的意义在于：一是改变了 19 世纪以来城市社会学对 Megalopolis 的道德批判语境和价值态度，使一种针对城市群的客观和理性研究成为可能；二是为这个概念赋予了全新的内涵和意义，揭示出当今城市从传统的单体城市向城市共同体转型发展的新模式与新形态。进一步说，Megalopolis 既是传统大城市概念的进一步延展，也是人类城市发展的当代模式与最新形态，其最突出的特征在于：这种新型大都市不再是单体城市，而是一个城市共同体。也可以说，“大都市就是城市群”。

中国国家级城市群是上升到国家层面，在全国城市群发展中具有战略主导地位的高度城市化区域。截至 2017 年 3 月，中国已形成长江三角洲城市群、珠江三角洲城市群、京津冀城市群、中原城市群、长江中游城市群、成渝城市群、哈长城市群、辽中南城市群、山东半岛城市群、海峡西岸城市群、北部湾城市群、关中城市群共12个国家级城市群。

早在济南都市圈规划酝酿初期，山东省十届人大三次会议的政府工作报告中就提出：济南要充分发挥省会优势，发展省会经济，着力构建区域性金融、科技、物流和人才中心，不断增强综合经济实力和辐射带动力，加快建设具有深厚历史文化底蕴、充满现代化气息、代表山东形象的省会城市和重要的区域中心城市。

而在2006年山东省的政府工作报告中，首次使用了“济南城市圈”的概念，即：积极推进城市化健康发展，加快建设半岛城市群、济南城市圈和鲁南城市带，促进中小城镇集约发展，形成大中小城市和小城镇协调发展的格局。

2007年，山东省“两会”出现了“省会城市群经济圈”的提法，更加突出了济南都市圈的经济发展价值。“支持济南提升产业水平，壮大经济实力，增强综合服务功能，加快建设省会城市群经济圈”，成为当时工作的着力方向。也是在2007年，中国共产党山东省第九次代表大会上多次提及济南，提出促进济南省会城市群经济圈加快发展，增强辐射带动作用，推进中西部崛起；实施东部突破烟台、中部突破济南、西部突破菏泽决策初显成效；济南、青岛要率先形成以服务经济为主的产业结构，全面提高服务业发展水平。在2008年之后的历次政府工作报告中，以“济南”为重点的经济圈、都市圈概念不断翻新、逐步丰满。



### 1.1.2 城市群对于济南的机遇与挑战



以济南为中心的“6+1”城市群地处山东省中西部，承东启西，交通发达，区位条件优越，目前已基本形成“一小时经济圈”。城市群内的城市经济也各具特色，有较大的整合、对接及合作空间。济南是该城市群当仁不让的“核心”，地处蓝黄经济区的中心地带，有着独特的区位优势和人才优势；金融信息服务水平不断提高，可以带动经济区的工业、农业乃至社会其他领域的发展，也能同时提高全省信息服务业的发展水平。

城市群中的7座城市地缘相连，人文互融，产业对接早已存在。重汽的活塞来自滨州，济南维尔康肉制品原料来自聊城，聊城游客的1/3来自济南，泰安游客有近40%属于该城市群……这一切都建立在方便快捷的交通的基础之上。因此，继续加大交通基础设施的对接力度意义重大。山东财经大学张志元教授认为，京沪高铁的贯通为省会城市群经济圈的全面构建提供了千载难逢的契机。京沪高铁同时连接了环渤海、长三角两大经济区，济南与京沪的时空距离已被纳入“3小时经济圈”。同时，黄蓝两大战略、重点支持沂蒙老区政策的实施，使全省迎来重要发展机遇。有关人士表示，在这种形势下，尽快启动城际铁路的建设，实现省会城市群经济圈内半小时通达，可以把周边城市更加紧密地联系在一起。

其他城市也各有优势，淄博有以石化、医药、新材料为主导的专业化制造业；滨州有数家品牌价值过百亿的企业，民营经济发展迅速；聊城机械制造、医药企业中有多家行业“冠军”；德州的造纸、化工、农产品加工业已成特色……这些城市之间的优势项目组合在一起，将对山东中西部经济的发展起到强有力的推动作用。

济南作为“6+1”城市群的核心，面临的挑战也不容忽视：从发展格局看，济南东有青岛，南有徐州，西有郑州，北有石家庄，这些城市都在以极快的速度迅猛发展，争做区域龙头。从都市圈角度看，济南东面是半岛蓝色经济区，南面是长三角都市圈，北面是黄河三角洲、京津冀和环渤海地区，西面是正在崛起的中部地区。被众星拱月的济南，在全国格局中面临着被包围堵截的危险。济南及济南都市圈未来的发展充满不确定性，“不进则退，小进也是退”已成不可回避的现实。

济南都市圈的发展尽管困难重重，但仍是一项必须坚定不移向前推进的任务。加紧构筑济南都市圈，不仅有助于提高济南城市综合实力，而且对全省经济社会的发展具有重大而深远的意义。

## 1.2 济南城市发展的空间结构

### 1.2.1 城市地理位置及城市形态分析

济南是山东省内陆的中心，是南北承接沪宁、京津两大城市圈，东西辐射山东省和黄河中下游并推动山东半岛城市群发展的区域中心城市。

济南市的总体定位是：山东省省会，国际文化旅游城市，全国区域性中心城市，山东半岛城市群中心，全国重要的现代物流中心，区域性金融中心，先进制造业基地和科技创新基地。

城市用地规划是：到2020年中心城人口规模将增至430万人，中心城建设用地规模增至410平方千米。

交通基础设施规划是：努力完善区域交通设施，提高区域交通的可达性，加强济南与周围地区的交通联系；完善城市快速路网络，有效分离过境交通与城市交通；建设城市快速路系统，加强主城区与东部城区、西部城区及主城区内各片区的交通联系，支持城市空间的拓展；加强各片区内主干路系统和城市中心区微循环道路的建设，完善城市道路系统的网络结构，提高路网的整体使用效率和通行能力。结合城市主要客流走廊，建设快速公交系统，加强综合交通枢纽建设，初步建立以快速公共交通为骨干、常规公共交通为主体的公共交通服务体系。

济南市南依群山，北靠黄河，向东西向发展潜力较大。综观济南近代的城市发展，可以总结出社会经济、交通设施等不同因素对济南城市形态演变有重大影响的时间节点。

（1）1904 年胶济铁路通车，济南城市形态发生了显著变化。商埠区位于旧城西侧和胶济铁路南侧，面积与旧城相近，道路网布置成经纬垂直路网。1911 年津浦铁路通车之后，济南成为交通枢纽城市，商埠区得到较快发展。“一战”后在济南商埠区开辟了西市场、大观园等综合性商场，商埠区用地得到较快发展；城市形态为旧城区和商埠区东西并立的带形布局。

（2）1950 年《济南市都市计划纲要》确定，城市空间拓展以旧城现有的道路为主向外延伸，组成方格网状道路骨架，并在城市东部开辟了历山路，为城市向东发展创造了条件。随着城北工人新村的建设，城市跨越铁路向北发展，形成铁路分割城市的格局。

（3）1958 年“大跃进”开始，许多工业项目迅速上马，在距离城区 17.5 千米的郊区王舍人庄开辟了新的工业区，化肥厂、济南铁厂等大中型工业骨干企业入驻。这一举措对保护旧城、拓展城市、缓解旧城人口压力起到了推动作用。1959 年编制的《济南市城市总体规划》保持了东西带状的城市形态，并促进了东部工业区的发展。

（4）2006 年，新一轮城市总体规划确定了“三组团”串联式的城市结构。中心城规划为“一城两区”的城市结构：一城为主城区，两区分别是东城区和西城区，延续了带状的空间形态。

总体来看，济南主要受社会经济、地形地貌、大型交通设施的影响，城市布局基本上沿东西方向蔓延发展。

### 1.2.2 城市发展战略

济南城市总体发展战略为：东拓、西进、南控、北跨、中疏。

东拓：主城区东部大辛河以东地区，包括贤文庄、王舍人庄、董家、郭店、孙村等，沿胶济产业带向东，形成未来城市的主要产业发展带。

西进：二环西路以西、京福城市快速路以东，约40平方千米（张庄机场搬迁后）的范围。腊山至腊山河为南北轴线，经十路和无影山中路西延长线为东西轴线，形成“一纵两横”的结构布局。新区北部（京沪线以北、济青城市快速路以南）规划为生态发展区，中部规划为商业、金融和文化发展区，南部（经十路以南、水白线以北）规划为高档居住区、体育和物流发展区，西部新区将形成以客运专线、城市快速路、高架轻轨和城市主干路为主的综合交通系统。

南控：限制城市向南部生态保护区发展。

北跨：黄河以北地区实现跨越式发展。

中疏：通过西部新区的建设，分散主城区职能。

除此之外，济南市还要建设南部山区和北部黄河保护发展带、中部城市产业与空间发展带。南部山区保护发展带是以生态保护为主导、积极发展生态农业和生态旅游的综合性生态功能区，前提是严格控制城市建设向南部山区蔓延扩展。北部黄河保护发展带则是以防洪泄洪、生态保护为主导，发展旅游业和特色农业的综合性生态功能区。中部城市产业与空间发展带是城市空间和产业的主要发展区。同时，在城市绕城快速路以内建设主城区，城市绕城快速路以东建设东部新城区，依托长清城区发展西部新城区，初步形成“一城两区”东西两翼带状发展的中心城空间结构。实施沿经十路、沿铁路线、沿小清河、沿黄河“四沿”带动战略，形成城市发展带、经济隆起带、社会发展带和生态景观带。

### 1.2.3 城市功能定位及职能

#### 1. 主城区

主城区由旧城片区、腊山新区、党家片区、燕山新区、王舍人片区、贤文片区6个片区组成。计划到2020年，人口规模控制在310万人以内，用地规模控制在290平方千米以内；优化用地结构，强化政治、文化、经济、金融、科技创新功能，发展会展、体育、物流等新兴服务业；建设腊山、燕山两个新区，分散旧城中心功能；加快王舍人、贤文两个片区传统产业的改造和高新技术产业发展。

（1）旧城片区：包括二环路以内及二环南路以南部分地区。在加强古城区和商埠区保护的同时，完善商业、服务业中心功能，发展商业、金融、旅游等现代服务业。加快小清河沿线地区建设，提升景观环境质量。继承和保护以千佛山、大明湖、四大泉群和古城区、商埠区、黄河为主体的城市风貌特色。文东科教区发挥大专院校、科研单位集中的优势，完善科研教育中心功能。其他地区以优化居住环境为主。

（2）腊山新区：位于二环西路以西、京福城市快速路两侧，形成以济南西客站为依托，以文化会展、商业商务等公共服务功能为主导的现代化新区。在日照路和兴福路之间建设新区核心区，布局商业商务、文化会展等用地；京福城市快速路以西地区布局物流、科研等用地，完善生活居住配套服务；沿小清河南侧和腊山周边，结合自然地理环境，布局生活居住用地。

（3）党家片区：位于主城区西南部，重点是调整产业发展方向，加快发展高新技术产业，完善居住配套设施。

（4）燕山新区：位于二环东路以东、大辛河以西，形成以金融商务、文化博览、公共服务、体育休闲为主导功能的现代化新区。经十路两侧形成以商业商务、金融服务、行政办公、体育休闲、文化博览等为主导功能的综合性公共中心，建设城市中央商务区；沿旅游路两侧布局居住用地；沿花园东路和工业北路两侧主要布局生活居住、高新技术产业、科技研发用地。

（5）王舍人片区：位于主城区东北部，形成以济南东站综合交通枢纽为依托，以发展战略性新兴产业、现代服务业为主导的现代化城市新区。建设济南东站核心区，布局商业、商务、商住等用地；加强环境污染治理，加快产业结构优化升级，严格控制传统冶金工业生产用地规模，积极创造条件实施搬迁。

（6）贤文片区：位于主城区东南部，依托高新技术产业开发新区，大力发展高新技术产业和服务外包业，强化商业商务、科研教育功能，完善生活居住、配套服务功能。控制传统石化工业用地规模，积极创造条件实施搬迁。

### 2. 西部城区

西部城区由文昌、平安、崮山 3 个片区组成。计划到 2020 年，人口规模控制在 50 万人以内，用地规模控制在 50 平方千米以内。西部城区以发展高等教育、科技研发、休闲博览、生活居住等产业为主，形成现代化新城区。

（1）文昌片区：位于西部城区西部，以长清老城区为基础，加强配套公共服务和居住设施建设，形成综合性片区。

（2）平安片区：位于西部城区北部，重点发展济南经济开发区，布局相关配套设施及生活居住用地。

（3）崮山片区：位于西部城区东南部，重点布局高等教育、科研机构，完善城市公共设施、生活服务设施。沿长清大道两侧建设西部城区公共服务中心；在大学科技园区内，建设休闲博览中心，形成区域绿色生态核心；在大学科技园区南部规划建设创新谷。

#### 3. 东部城区

东部城区由郭店、孙村、彩石 3 个片区组成。计划到 2020 年，人口规模控制在 70 万人以内，用地规模控制在 70 平方千米以内。东部城区以发展高新技术产业、先进制造业和加工业、房地产业、公共服务业为主，形成现代化新城区。

（1）郭店片区：位于胶济铁路以北，重点发展机械装备、环保新材料和现代物流等产业。

（2）孙村片区：位于城市绕城快速路东环线以东、胶济铁路和经十东路之间，重点发展电子信息、交通装备、食品药品等产业；在唐冶建设东部城区公共服务中心。

（3）彩石片区：位于经十东路以南，西部以综合保税区为依托，重点发展电子信息、新材料等产业，东部以科教服务业、房地产业为主。

### 1.2.4 城市空间结构及拓展方向

济南中心城建设用地集中在北部黄河和南部山区之间的适宜建设区域，在当前城区用地的基础上，主要向东、西两翼拓展。规划范围向东扩展至市区边界，向西南扩展至长清城区。中心城规划范围由之前总体规划的 526 平方千米扩大到现在的 1022 平方千米。

中心城空间结构为“一城两区”：“一城”为主城区，“两区”为西部城区和东部城区，以经十路为城市发展轴向东、西两翼拓展。主城区为玉符河以东、城市绕城快速路东环线以西、黄河与南部山体之间的地区；西部城区为玉符河以西地区；东部城区为城市绕城快速路东环线以东地区；主城区与西部城区、东部城区之间以生态绿地相隔。

## 1.3 优化城市交通布局

随着我国城市化进程日益加快，城市规模不断扩大，城市交通拥堵问题日益严重，各种“城市病”不断涌现，已影响到经济的发展。

解决交通问题的重要途径之一就是大力发展城市轨道交通和城际铁路，通过卫星城镇的发展防止城市的无序扩大和缓解城市交通的拥堵。国外大都市圈交通发展的成功经验启示我们，加快城际铁路建设是保证我国大城市健康发展的重要战略措施。

城际铁路系统既是一项城镇群建设工程，又是一项城镇群交通工程；既是一项独立的专业系统工程，又是城镇群总体规划的重要组成部分，对于城镇群规划实施和城镇群战略目标的实现起着重要的引导作用。从山东省社会经济发展的需要、城际客流的特点、快速铁路的特点以及不同交通方式的适应性来看，山东省城际铁路应是区域经济发展到一定水平、居民出行达到一定频率的必然产物，具有较强的公益性；在不同的运输方式分工中，城际铁路主要满足中心城市与中心城市、卫星城市或中心城镇之间客流快速出行的需要。

山东省现有国家铁路 13 条，地方铁路 5 条，铁路通车里程为 4882 千米，路网密度为 309 千米每万平方千米。[①] 京沪和京九铁路纵贯南北，胶济、蓝烟铁路与新日线横贯东西，与十多条支线和地方铁路如益羊线、大莱龙线、辛泰线、淄东线、博东线、博山线、坪岚线等共同将山东省的内陆与沿海地区连接起来。规划区域内铁路线总长度约占山东省铁路线总长度的 70%。

经分析，山东省的快速铁路将以济南、青岛等城市为中心，在全省范围内呈现“三横三纵”6 条主要通道：

“三横”通道：

（1）中通道：聊城—济南—青岛通道，线路长度约 445 千米，其中新建约 407 千米，包括济南—青岛线路，长度约 292 千米。

（2）南通道：菏泽—济宁—临沂—日照，线路长度约 390 千米。

（3）北通道：德州—滨州—东营—烟台—威海，线路长度约 672 千米，其中新建约 575 千米。

“三纵”通道：

（1）京沪通道：德州—济南—泰安—曲阜—枣庄，线路长度约 358 千米，通道已经建成。

（2）东部沿海通道：烟台—青岛—日照，线路长度约 457 千米，利用青荣城际铁路 272 千米、青连铁路 185 千米。

（3）京九沿线通道：临清—聊城—菏泽，线路长度约 274 千米。

①参见山东省统计局、国家统计局山东调查总队编：《山东统计年鉴（2017）》，http://www.stats-sd.gov.cn/tjnj/nj2017/indexch.htm。

根据预测的客货流需求，在省内繁忙的运输通道（德州—济南—泰安—曲阜通道、济南—淄博—潍坊—青岛通道）实现既有铁路（货运）、高速铁路、城际铁路贯通，客货分线，高速、城际运输兼备的铁路运输通道。

### 1.3.1 铁路枢纽现状分析

济南枢纽位于山东省省会济南市，有京沪、胶济、邯济、京沪高速铁路以及胶济客专五大铁路干线，通过京济、济沪等联络线形成环形枢纽。

#### 1. 济南西客站

济南西客站是为京沪高速铁路新建的客运站，承担枢纽内南北方向高速列车的始发、终到及通过作业。车站北端动车走行线从正线两侧引入车站，并预留石济客运专线方向引入车站的空间，车站南端正线两侧设连接济南西客站与既有济南站的京济联络线。

#### 2. 济南站

济南站为客货运站，为枢纽内的主要客运站，主要承担北京、上海、青岛、邯郸方向的始发、终到旅客列车及各方向的通过列车作业。

济南站客运车场与货运车场纵列布置，设有地区车场、客运机务段、客运车辆段各一处。此外，济南站还有 20 多条铁路专用线与车站接轨。

#### 3. 济南东站

济南东站承担青岛方向的短途旅客列车始发、终到作业。

#### 4. 济南南站

济南南站位于济南市南部，为中间站，主要承担上海方向、青岛方向的通过列车作业。本站既有设备条件可满足列车的到发及停站通过需要。

#### 5. 济西编组站

济西站是衔接京沪、胶济、邯济三条干线的路网性编组站，车站站型为“双向二级六场”，目前承担枢纽内各类货物列车的到发、解体、编组和通过作业。

### 1.3.2 铁路枢纽发展规划分析

**1. 枢纽总图规划概况**

济南枢纽北至京沪线的禹城站（含），南至京沪线的炒米店站（含），东至胶济线的平陵城站（含），西至邯济线的华店站（含），枢纽内既有车站 22 个。其中，济西站为主要编组站，济南站为主要客运站，济南东站为辅助客运站。

**2. 规划的枢纽总图格局**

客运系统：将京沪高速铁路、胶济客专、石济客运专线引入枢纽，结合聊城、泰安、滨州等方向的城际铁路，形成以济南西站、济南站、济南东站为主要客站的格局。

解编系统：济南西站为枢纽编组站，枢纽解编作业集中在济西站。

货运站布局：结合济南市货运外迁的思路，规划在东沙王庄站和董家镇站新建综合性货运站中心，董家镇站新建集装箱办理站，危险品货场设在桑梓店站。济南地区车场呈萎缩趋势。

车辆设施：客车车辆设备位于济南车辆段，规模不变，普速列车存车场规划至济南地区车场，济南客车整备场改建为动车组存放线；货车车辆设备位于济南西站，维持既有规模不变。新建济南站动车运用所一处。

引入线、联络线及疏解线：京沪高速铁路引入济南西客站，胶济客运专线引入济南站，京济联络线自济南西客站南端引出引入济南站；济沪联络线自京沪高速崔马庄线路所引出，在济南南站前与京济联络线连接引入济南站。石济客运专线引入枢纽，跨青银城市快速路后设齐河站，出站后正线向东引入济南东站；济南西联络线自齐河站引出，向南并行京沪高铁东侧至黄河南岸，引入济南西客站。

为了完善济南的铁路枢纽总格局，需要规划建设济南东站。

济南东站选址于王舍人镇处，位于济南东部新区北部。主要承担石济客运专线的到发和通过作业以及规划的济南至青岛客专、济南至滨州城际铁路和济南至泰安、莱芜（区）城际铁路的到发及通过作业，如图 1–1 所示。

### 1.3.3 济南东站综合交通枢纽功能定位

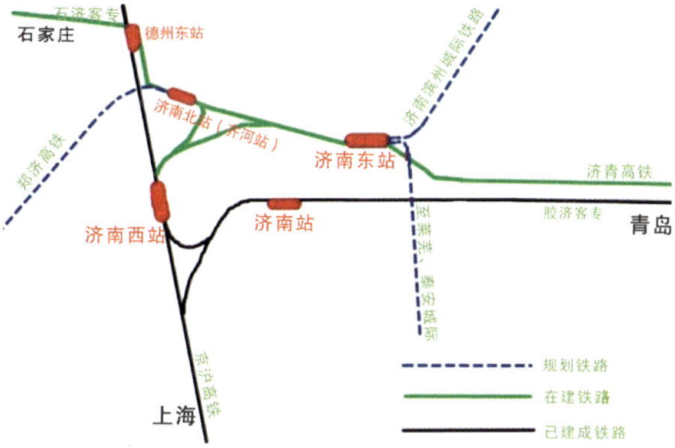


图 1–1　济南铁路枢纽

**1. 济南铁路枢纽规划层面**

济南东站（高铁站）是济南铁路枢纽“三主一辅”主要客运站之一，共设 13 台 27 线，站场规模为山东省最大。济南铁路“三主一辅”规划如图 1–2 所示。本项目为济南东站综合交通枢纽项目，是济南东站（高铁站）的配套项目。本项目设计内容包括配套交通设施（主要包括长途客运站、公交 /BRT 车站、出租车蓄发区、社会停车库）、为进出枢纽交通设置的配套道路以及长途蓄车及公交保养基地。

图 1–2　济南铁路“三主一辅”规划图

济南东站枢纽区的开发建设符合济南城市总体规划中确定的“东西向拓展”战略，可极大地提升济南市总体服务水平，优化城市整体空间结构体系，带动东部城区的发展，促进济南市建设“环渤海地区南翼中心城市”目标的实现。

**2. 城市设计层面**

济南东站地区的规划设计追求集中的开发密度、公交导向式开发、标志性的开放空间体系、绿色街道网络、适合步行的小街区及其他配套设施，充分体现新城市主义原则，很好地践行了“低碳城市”与可持续发展的理念。构建以白泉—华山绿廊为骨架的景观格局和慢行系统，突出密集的街道网络、高质量的公共交通服务、功能混合的邻里社区，实现了土地与交通的协调发展，对未来的济南乃至我国其他城市的规划都具有很好的指导意义。东站片区用地规划和道路规划分别如图 1–3 和图 1–4 所示。

### 3. 济南“高快一体”战略层面

济南东站的建设是济南“高快一体”战略的重要一环。“高快一体”是要实现高速路网和快速路网的有机串联（具体规划见图 1–5），包括“一环二横二纵”的城市快速路网以及“两环十射”的城市快速路网。“一环二横二纵”的城市快速路网中，“一环”即济南内环高速；“二横”分别指工业北路高架—北园高架及西延

图 1–3　济南东站片区土地利用规划图

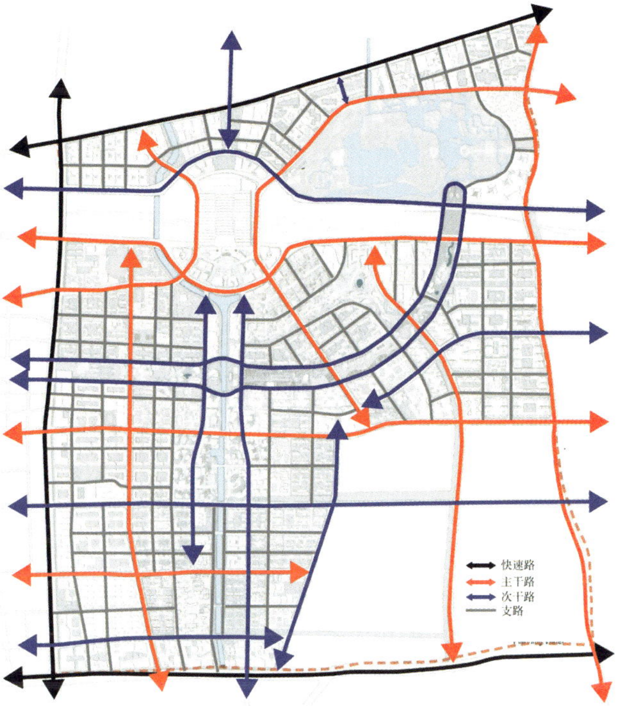


图 1-4　济南东站片区道路规划图

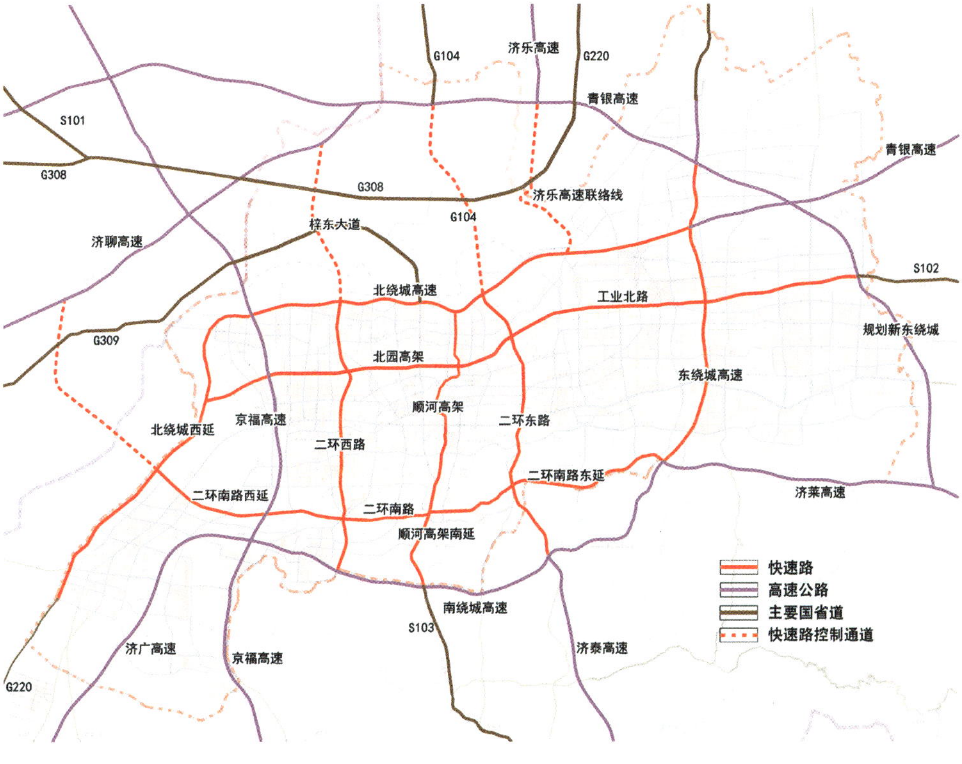


图 1-5　济南“高快一体”路网规划图

长线，二环南路东西延长线；“二纵”分别指二环东路高架路及南延长线，二环西路高架路及南延长线。

济南东站位于济青高速与东绕城高速的交点处，且济青高速在济南东站新增一处互通立交，因此济南东站已成为济南东部城市道路、高速道路以及快速路的交汇点，是整个“高快一体”路网的重要节点。

#### 4. 对外客运枢纽层面

未来，长途客运总站等老城区枢纽组织功能将分散到外围地区。济南市规划对外客运主枢纽 4 处，包括济南站、济南西站、济南东站和遥墙机场；对外客运辅助枢纽 10 处，包括济南东站、济泺路长途客运站、甸柳庄、七贤、十六里河、新北站、郭店、邢村（保税区）、长清大学园、开山。14 个枢纽中有 6 个是具备两种以上对外交通方式的复合型枢纽，分别为济南站、济南西站、济南东站、遥墙机场、邢村和新北站。

根据承担客流集散量和交通功能的不同，将对外客运枢纽分为两级。对外客运主枢纽承担大型区域对外客运之间、对外交通与城市公共交通系统之间的衔接以及区域旅游服务组织。对外客运辅助枢纽以省域和城市群客流为主，结合地区或片区中心布局；承担公路长途客运、城际铁路等对外客运系统与城市公共交通系统的衔接。



#### 5. 公交枢纽规划层面

依据规划，济南市将建立“区域—市域—组团”三级公共交通枢纽体系。规划区域级公交枢纽 4 处，分别为济南站、济南西站、济南东站和遥墙机场；市区公交、城乡公交与大型对外交通设施相衔接，实现与其他方式换乘。



济南站、济南西站和济南东站是济南市中心城区内最主要的综合交通枢纽，是集铁路、城际轨道交通、公路客运、城市轨道交通、常规公交、出租客运等多种交通方式于一体的大型综合枢纽。规划期内，应加强交通枢纽地区的交通组织规划，合理衔接各种交通方式，并为各种交通方式提供足够的设施用地。

### 1.3.4 公路客运现状及发展规划

目前，除了前两年投入使用的济南长途西站，济南主城区内还有 8 个公路客运站，分别是长途汽车总站（济泺路客运站）、长途汽车东站（甸柳庄客运站）、广场汽车站（火车站联运客运站）、客运中心站、泺口汽车站、旅游汽车站（英雄山汽车站）、段店客运站和青龙山客运站。从运力来看，长途汽车总站和广场汽车站认知度较高，客源和线路也比较集中。在日常出行中，济南长途汽车总站、济南长途汽车总站南区、济南广场汽车站占据了客流量的八成以上，个别客运站因线路、位置等限制，早已陷入了名存实亡的尴尬境地。高铁、民航运输的快速发展，也在一定程度上冲击了公路运输市场。近几年“春运”期间的道路客运数据显示，公路运输旅客量呈现下滑趋势。2016 年春节期间，济南共投入大、中型客车 3200 余部，发送 3.35 万班次，累计发送旅客 46.83 万人次，较 2015 年减少 9.87%。①

在对市区道路拥堵的“贡献”方面，济南长途汽车总站、济南长途汽车总站南区、济南广场汽车站和位于堤口路的客运中心站“功不可没”。其周边不仅商场、批发市场众多，还有医院、大型居民社区和公园等，居住人群密集，交通流量大，且无法实现便捷换乘，车站周边交通拥堵极为严重。

根据济南交通规划，未来 5 年内，济南将重点建设和启用分布在东、西、南、北的四大综合客运枢纽，分别为济南东站综合客运枢纽、济南西客站综合客运枢纽、济南国际机场综合客运枢纽和济南十六里河综合客运枢纽。

其中，济南国际机场综合客运枢纽将规划改扩建为国内大型机场，建设集城际铁路、城市轨道交通、长途客运、机场巴士于一体的综合换乘中心。十六里河综合客运枢纽主要承担济南市公路旅游客运和南部山区农村客运的站场服务。济南东站、西客站客运综合枢纽将会实现公路、铁路、公共交通、轨道交通等的有效衔接。比如，济南西站为京沪高铁主要停靠站，济南东站为济南至泰安、济南至莱芜等城际铁路主要停靠站等。

目前客流集中的 8 个长途客运站发展规模严重失衡。其中，长途汽车总站是规模最大的，和广场汽车站一样均为一级站，其余车站则为二级站。未来，济南市将重点打造以“一西一东”为主的四大综合客运枢纽，通过规划建设、线路调整、市场调节等手段，逐步将公路长途客运从中心城区剥离，将其置于济南东、西、南、北四个方向，方便市民就近乘车或换乘。届时，济南现有 8 个长途客

①参见刘彪、黄黎、王晓芳:《2016 猴年春节期间济南旅游综合“入账”18.65 亿》，“舜网－济南时报”，2016 年 2 月 5 日。

运站的格局或将发生改变，需重新调整其功能定位。比如，现有一些小规模的车站将会弱化长途客运站的角色，而承担更多城市交通枢纽的功能。

### 1.3.5 城市公共交通现状及发展规划

#### 1. 济南城市公共交通现状

济南城市公共交通较为发达，为全国公共交通建设先进示范城市。为保证公交优先，市区主要道路大多建设有公交专用道，快速公交系统（BRT）的信号优先措施也在逐步实施中。目前，济南全市拥有公交车 4239 辆，运营线路 209 条，年客运量达到 8.64 亿人次，年营运里程达 1.2 亿千米。目前，济南已经建成 7 条快速公交系统（BRT），形成了“两横三纵”的格局，其中“两横”指的是北园大街—工业北路和经十路，“三纵”指的是历山路、奥体中路、二环东路。济南 BRT 如图 1–6 所示。

图 1–6　济南 BRT

在建设和运营 BRT 的时候，济南既考虑了本地区的情况，又坚持了硬隔离封闭式专用道、信号优先等高标准，形成了快速公交网络，因此效果较为显著，得到了大多数市民的好评，被誉为“济南模式”。但有些问题也比较突出。比如，某些相隔只有几十米的站台无法实现免费换乘，全福立交桥的 1、3、4、6 号线即存在此种情况；某些 BRT 专线的配置也不合理，比如 5 号线只有 4 站运营在公交专用道上，在交通高峰期很多公交专用道也常常发生拥堵。

#### 2. 济南城市交通发展目标

济南城市交通的发展目标是：构建与城市用地布局相协调，以公共交通为主体，多方式、多层次、多元化、一体化衔接的现代综合交通运输体系。

以轨道交通为骨干，以中运量公交（BRT、现代有轨电车等）为主体，以常规公交为辅助，建立优质高效的公共交通网络。2020

年中心城公共交通出行比例达到38%，公交站点500米范围服务面积不小于城市建设用地的90%。道路用地率达到15%，人均道路用地面积达到14. 3平方米，道路网密度达到6千米每平方千米，干路网密度达到2.5千米每平方千米。

### 3. 城市交通发展总体策略

（1）强化济南的全国重要交通枢纽功能，提高区域交通的可达性。以多方式联运和集约化运输为主体，以国家、区域交通干线为骨架，完善交通网络设施，加强与周边地区及城市的交通联系，促进区域经济协同发展。

（2）优先发展公共交通，形成合理的交通方式结构。建立分层次的公共交通网络，以一体化客运枢纽建设为中心，强化公交换乘设施建设和多种交通方式的衔接，提高公共交通的可达性和服务水平。

（3）优化完善道路交通设施，扩大道路交通容量。建立快速交通体系，为城市交通结构的完善和旧城功能的优化创造条件；调整完善路网结构，加强区域交通设施与城市交通设施的衔接，增强道路交通设施的服务功能；完善自行车交通系统和步行系统，满足弱势群体的交通需求；提升交通管理的科学性，有效利用交通资源。

（4）实施交通需求管理，合理引导交通需求。加强道路两侧的建设管理，使道路两侧建筑物与道路功能和容量相匹配，与周围道路交通系统实现有效衔接；实施交通智能化管理，促使交通设施在空间上合理分布；制定科学的交通政策，提高公共交通服务水平，引导私人交通工具的合理使用。

（5）制定差别化交通政策，不同区域采取不同的交通模式。商埠区发展要与古城风貌保护相协调，保持原有的路网格局，倡导绿色交通出行；主城区大力发展公共交通，降低小汽车使用率，降低机动化交通强度，提供机动化快速交通走廊；东部、西部城区建设和主城区相联系的公共交通走廊及机动化快速交通走廊，强化与主城区的联系。

（6）强化交通管理，提高城市交通的安全性。加强道路交通安全立法，培养交通参与者的交通安全意识；积极研究应用交通安全技术，加强事故预警和救助系统建设，完善交通事故急救体系；加强道路交通管理，建立以政府为主导的交通安全保障体系。

#### 4. 轨道交通规划策略

规划“一横两纵”轨道快线，适时启动轨道普线的规划建设。“一横”即R2线：中心城东西向线路，串联西部城区—高新区—王舍人片区—唐冶片区—郭店片区，全长约34千米。“两纵”即R1线：中心城西部南北向线路，串联“非遗”园—济南西站—园博园—济南创新谷，全长约30千米；R3线：中心城东部南北向线路，串联龙洞片区—文博片区—王舍人片区—济南东站—遥墙机场，全长约35千米。

规划5条轨道普线，具体包括：①中心城骨干线路，串联中央商务区—洪家楼片区—北湖片区—商埠片区—南部居住区，全长约36千米；② M1线：中心城东西向骨干线路，串联西客站片区—济南站—商埠片区—古城片区—中央商务区—高新区—济南东站片区，全长约38千米；③ M2线：中心城南北向骨干线路，串联泺口片区—长途汽车总站—济南站—商埠区—英雄山片区—九曲片区，全长约18千米；④ M3线：中心城东西向U形骨干线路，串联西客站片区—经十路沿线—中央商务区—高新区—唐冶片区，全长约42千米；⑤ M4线：中心城骨干线路，串联济南东站片区—华山片区—山大路片区—千佛山片区—柏石峪片区，全长约36千米。

#### 5. 公交规划策略

（1）快速公交系统：规划在北园大街、工业北路、工业南路、二环南路、英雄山路、二环西路、舜耕路、南辛庄西路、泉城路、阳光新路、历山路、二环东路、春暄路、旅游路、奥体中路、大学路等设置快速公交线。

（2）公交场站：保留目前公交场站设施，规划6处公交综合基地、36处公交停车场。

## 1.4 与遥墙机场实现空铁一体化

### 1.4.1 区域综合交通运输体系发展规划

根据铁路规划，山东省将重点加强快速铁路网建设，到2030年基本建成以济南、青岛为中心的“1、2、3小时交通圈”，实现“市市通”高铁系统。规划形成“三横五纵”快速铁路网，新建快速铁路4366千米，其中高速铁路3166千米，城际及市郊铁路1200千米。完善的快速铁路网将为机场与周边城市的互联互通提供可能。

在遥墙机场的腹地范围内，强化航空枢纽建设，推动空铁联运发展；依托城际铁路网、市郊铁路网，扩大航空机场腹地范围。同时，规划增开国外航线，服务中日韩产业合作，进一步强化济南机场枢纽地位。遥墙机场腹地范围如图 1–7 所示。

图 1–7　遥墙机场腹地范围

### 1.4.2　济南东站为遥墙机场输送客流

济南遥墙国际机场位于济南市历城区遥墙镇，距市中心 28.5 千米，现有 1 条跑道，跑道级别为 4E 级，是中国重要的入境门户和干线机场之一，是山东航空股份有限公司、中国东方航空集团有限公司和深圳航空有限责任公司的基地机场。2018 年，机场年旅客吞吐量为 1661 万人次，在全国机场排名中居第 25 位。济南遥墙国际机场是济南、淄博、泰安、聊城、德州、滨州、济宁、菏泽等地联用的具有国际通航条件的航空港，航站楼建筑总面积为 8 万平方米，新建南指廊面积为 3 万平方米，机场站前广场占地 25 万平方米，中心停车场占地 5.3 万平方米。

根据山东省高铁线路网规划，济南机场腹地范围内的城市均可直达东站。预计未来遥墙机场总客流中 56% 为外市客流（约 3808 万人次 / 年）。

外市航空客流到达遥墙机场主要有三种方式：①通过高铁到达济南市的高铁站，再通过其他方式从高铁站到达机场；②通过长途大巴直接到达机场；③直接开车到达遥墙机场。其中，第一种交通方式耗时最短，但需换乘一次；第二种交通方式不需换乘，但耗时较长；第三种交通方式在距离济南市较近的乘客中采用较多。

从整体出行方式来看，采用第一种交通方式的比例最高，第三种交通方式所占比例最低。假设通过高铁方式到达机场的客流占外市到达机场客流总量的 50%，则远期（2050 年）通过济南东站到达机场的客流总量为 1904 万人次每年。

### 1.4.3 重要铁路枢纽与机场衔接方案

遥墙机场为区域干线机场，进出机场客流强度大，集疏运条件要求高。计划结合轨道交通 R3 线站点，构建以车站为中心的现代综合交通枢纽，实现城际铁路、轨道交通 R3 线、航空及其他交通方式的高效衔接，提高综合运输效率和服务质量。

遥墙机场与济南东站的衔接如图 1–8 所示，山东省内主要高铁站与机场的互联互通见表 1–1。

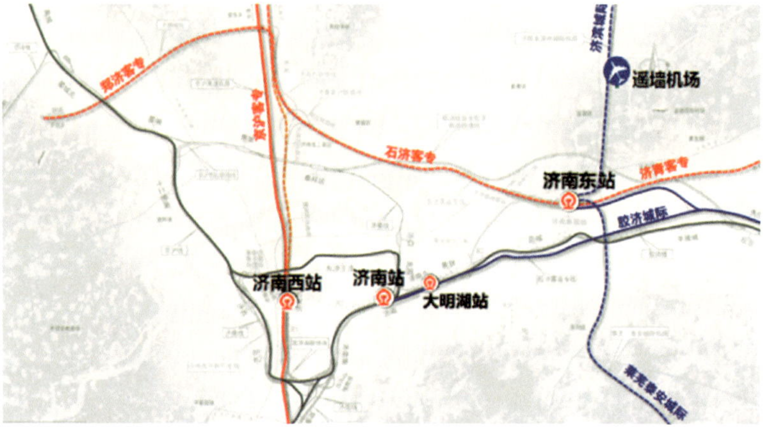


图 1–8　遥墙机场与济南东站





## 1.5 济南东站建设大事记

2016 年 2 月 14 日，通过招标确定济南东站的总体设计单位，济南东站综合交通枢纽项目正式启动。

2016 年 4 月 8 日，济南市委、市政府领导以及各职能部门听取各设计单位方案汇报，作出以下指示：①深入分析济南东站枢纽的人流、车流组织，优化枢纽平面布局，确保各种交通方式便捷换乘；②做好枢纽交通与外部路网的衔接，协调好枢纽与周边交通环境的关系；③开展交通影响分析与评估；④交警部门提前介入，针对交通影响评估结果提出优化交通组织的意见。

2016 年 4 月 20 日，山东省政府相关部门视察调研济南东站项

**表 1–1　省内主要高铁站与机场互联互通一览表**

| 站点 | 线路 | 路段 | 设计速度（千米 / 时） | 停靠率（%） | 长度（千米） | 总长度（千米） | 时间（分钟） | 备注 |
|---|---|---|---|---|---|---|---|---|
| 潍坊北站 | 济滨城际 | 机场站全济南东站 | 200 | 75 | 13.6 | 203.9 | 50 | 济南东站换乘 |
| | 济青高铁 | 济南东站至潍坊北站 | 350 | 82.50 | 190.3 | | | |
| 淄博北站 | 济滨城际 | 机场站至济南东站 | 200 | 75 | 13.6 | 95.8 | 26.5 | 济南东站换乘 |
| | 济青高铁 | 济南东站至淄博北站 | 350 | 82.50 | 82.2 | | | |
| 滨州站 | 济滨城际 | 机场站至滨州站 | 250 | 65 | 105.2 | 105.2 | 32 | |
| 东营南站 | 济滨城际 | 机场站至滨州站 | 200 | 65 | 13.6 | 63.1 | 45 | |
| | 滨潍城际 | 滨州站至东营站 | 350 | 76 | 49.5 | | | |
| 德州东站 | 济滨城际 | 机场站至济南东站 | 200 | 75 | 13.6 | 116.7 | 45 | |
| | 石济客专 | 济南东站至德州东站 | 250 | 92.50 | 103.1 | | | |
| 聊城西站 | 济滨城际 | 机场站至济南东站 | 200 | 75 | 13.6 | 163.5 | 45 | |
| | 石济客专 | 济南东站至齐河站 | 250 | 92.50 | 30.4 | | | |
| | 郑济铁路 | 齐河站至聊城西站 | 350 | 68.50 | 119.5 | | | |
| 菏泽东站 | 济滨城际 | 机场站至济南东站 | 200 | 75 | 13.6 | 314 | 75 | 济南—聊城；聊城—菏泽 |
| | 石济客专 | 济南东站至齐河站 | 250 | 92.50 | 30.4 | | | |
| | 郑济铁路 | 济南东站至聊城西站 | 350 | 68.50 | 119.5 | | | |
| | 霸商铁路 | 聊城西站至菏泽东站 | 350 | 61 | 150.5 | | | |
| 泰山站 | 济滨城际 | 机场站至济南东站 | 200 | 75 | 13.6 | 94.7 | 47.5 | |
| | 黄台联络线 | 济南东站至黄台站 | 120 | 38.50 | 12 | | | |
| | 胶济客专 | 黄台站至济南站 | 80~120 | 57.50 | 6.5 | | | |
| | 济沪联络线 | 济南站至崔马庄站 | 80~160 | 12 | 17.5 | | | |
| | 京沪高铁 | 崔马庄站至泰山站 | 350 | 92.50 | 45.1 | | | |
| 泰安东站 | 济滨城际 | 机场站至济南东站 | 200 | 75 | 13.6 | 76.6 | 30 | 济南东站换乘 |
| | 济莱城际 | 济南东站至西营站 | 250 | 65 | 35 | | | |
| | 泰安联络线 | 西营站至泰安东站 | 250 | 30 | 28 | | | |
| 济宁北站 | 济滨城际 | 机场站至济南东站 | 200 | 75 | 13.6 | 218.6 | 81 | 曲阜东换乘 |
| | 黄台联络线 | 济南东站至黄台站 | 120 | 38.50 | 12 | | | |
| | 胶济客专 | 黄台站至济南站 | 80~120 | 57.50 | 6.5 | | | |
| | 济沪联络线 | 济南站至崔马庄站 | 80~160 | 12 | 17.5 | | | |
| | 京沪高铁 | 崔马庄站至曲阜东站 | 350 | 92.50 | 115.5 | | | |
| | 鲁南高铁 | 曲阜东站至济宁北站 | 350 | 63 | 53.5 | | | |
| 莱芜东站 | 济滨城际 | 机场站至济南东站 | 200 | 75 | 13.6 | 13.6 | 42 | 济南东站换乘 |

目并作出指示：①预留城际铁路及黄台联络线；②适当缩小广场规模；③适度扩大小汽车停车场规模。

2016年8月，经过与规划、交通、交警等职能部门的多轮沟通汇报，枢纽总体方案基本确定。

2018年12月26日，济南东站正式开通运营。

## 1.6 济南东站交通枢纽建设意义重大

总体来说，济南东站的建设是必要且紧迫的，具体体现如下：

### 1.6.1 济南东站的建设有利于提升城市服务功能

以济南东站高铁站项目建设为契机，加快推进济南东站综合交通枢纽建设，促进济南中心城区东拓进程以及“6+1”城市群的构建。配合长途客运总站等老城区枢纽组织功能向外围分解，尽快落实将济南东站综合交通枢纽打造成“对外客运主枢纽”“济南市中心城区内最主要的综合交通枢纽”的两大规划目标。

### 1.6.2 济南东站的建设有利于促进济南东部新城发展

近年来，随着济南市“东拓、西进、南控、北跨、中疏”的城市发展战略的实施，济南市“一城两区”的发展格局已经初具规模，东部地区城市建设发展较快，主要集中在贤文组团和王舍人组团，是济南城市发展的高地。其中，以奥体运动中心、龙奥政务中心、文博会展中心为亮点的奥体文博片区生机勃勃，周边一系列住宅、商业、生活配套设施正在逐渐完善，已成为济南政治、文化的新标地；以济南东站综合交通枢纽为依托的王舍人片区，随着石济客专等线路的建成开通，也迎来快速发展的新阶段。东部新城还规划打造了济南东部中央商务区（CBD），与奥体中心、高新技术开发区协同构筑济南东部新城中心；未来将发展为济南国家CBD格局中的动脉节点、国家级特色商务中心区。

推动新城建设是济南城市建设的重要策略之一，高速发展带来的客流聚集及城市形象提升对交通服务水平提出了更高要求。在济南东站配套建设综合交通枢纽区，主要为铁路客流和周边居民的出行提供服务，实现铁路客运和长途客运、城市公交系统、出租客运、轨道交通等多种运输方式相互衔接、零换乘，将进一步提升东部新城的综合服务水平及城市核心区竞争力。

济南东城新城概念图如图1–9所示。

图 1–9　济南东部新城概念图

### 1.6.3　济南东站的建设有利于实现城市可持续发展

济南东站综合交通枢纽形成了铁路客运、公路客运（长短途客运、旅游客运、公交客运、出租客运）、轨道交通等几种运输方式无缝衔接的“大交通”格局，成为一个“紧凑、立体、零换乘”的空间系统；按照客运站场集成化、设施布局人本化、接驳公交高端化、信息建设一体化、枢纽城市门户化的原则，实现几种客运方式规划协调、建设同步、标识完善、公交快捷、功能齐全、零换乘的理念，把济南东站综合交通枢纽建成一个集铁路客流、长短途客运、城市公交、出租客运、轨道交通等多种交通方式零换乘的综合交通枢纽区。本项目[①]的建设可推动城市核心区“绿色出行、公交优先”等先进城市建设理念的实现，降低居民对小汽车出行的依赖程度，从而促进济南城市的可持续发展。

综上可知，济南东站综合交通枢纽的建设是提高济南东部新城交通服务水平，促进新城发展的需要；对支持济南城市规划中的重点区域发展，加强重要对外客运枢纽衔接意义重大；是推动“绿色出行、公交优先”城市建设模式，提升城市环境品质，解决交通矛盾的需要。因此，无论从城市发展还是交通需求来看，本项目的建设都是十分必要的。

① “本项目”即济南东站综合交通枢纽项目，下同。

# 第2章

# 济南东站综合交通枢纽基本功能与规划布局


2.1　综合交通枢纽功能定位及区位研究

2.1.1　综合交通枢纽功能定位研究

2.1.2　济南东站片区 TOD 规划及城市设计解析

2.2　济南东站综合交通枢纽对片区交通的影响分析

2.2.1　城市综合交通枢纽对城市空间结构的影响分析

2.2.2　济南东站综合交通枢纽对片区交通的影响分析

2.3　综合交通枢纽设施构成及布局策划

2.3.1　枢纽区域空间对设施布局的影响分析

2.3.2　案例借鉴——杭州东站

2.3.3　综合交通枢纽设施规模分析

2.3.4　综合交通枢纽设施衔接及布局


## 2.1　综合交通枢纽功能定位及区位研究

### 2.1.1　综合交通枢纽功能定位研究

济南东站是济南铁路枢纽的三大主要铁路客运站之一，是连接山东省外重要城市和省内城市群的重要枢纽。本项目建成后，济南东站区域将成为集石济客专、济青客专、城际铁路、城市轨道交通、公路客运、公交 /BRT 等多种交通方式于一体的综合客运交通枢纽；是加快济南“东拓”步伐，增强城市吸引力，实现枢纽区与周边区域联动发展，将济南东站片区打造成为城站融合的城市副中心、城市发展的“新引擎”的关键功能节点。

### 2.1.2 济南东站片区 TOD 规划及城市设计解析

TOD（Transit-Oriented-Development）是以公共交通为导向的城区开发模式，是美国为了解决“二战”后城市的无限制蔓延而设置的一种以公共交通为主导、综合发展的步行化城区。这个概念由新城市主义代表人物彼得·卡尔索普提出。其核心是以区域性交通站点为中心，以适宜的步行距离为半径，设计从城镇中心到城镇边缘仅 1/4 英里①或步行 5 分钟的距离，建立集办公、商业、文化、教育、居住等于一体的城区，取代私家车在城市中的主导地位。在这个半径范围内建设中高密度住宅，提高社区居住密度，使每英亩②从 1 个居住单元增加到 6 个单元，混合住宅及配套的公共用地、商业和服务等多种功能设施，以此有效地达到复合功能的目的。

TOD 是国际上具有代表性的城市社区开发模式，目前被广泛应用于城市开发中；尤其是对城市尚未成片开发的地区，先期以较低的价格征用，导入公共交通，形成开发地价的时间差，然后出售基础设施完善的“熟地”，政府可以从土地升值的回报中回收公共交通的先期投入。

济南东站 TOD 规划，着力塑造紧凑、集约又充满地方特色的开放街区和活力中心，突显低层高密度的城市街坊规划思路。济南东站 TOD 规划如图 2-1 所示。其城市层面的 TOD 规划设计步骤如下：

（1）从高程以及坡度的研究开始，分析区域的自然格局，如图 2-2 所示。

图 2-1　TOD 规划

① 1 英里约等于 1.6 千米。

② 1 英亩约等于 4047 平方米。

图 2-2　自然格局

（2）保护重要的生态区，包括河流、河漫滩、汇水走廊、森林、陡坡以及山峦，如图 2-3 所示。

（3）将已经建成地区和规划的不可兼容的用地标示出来，建成区可以通过公共交通与新区建立联系，如图 2-4 所示。

（4）将在 TOD 中心形成的间隔区域性道路标示出来，如图 2-5 所示。

（5）根据已建成区域信息划分公交先导区域，如图 2-6 所示。

图 2-3　保护自然生态

（6）不断完善快速公交网络，寻找开发节点、用地布局和公交枢纽的最佳位置，如图 2–7 所示。

（7）结合快速公交网络和轨道交通布局，寻找开发节点、用地布局和地铁枢纽的最佳位置，如图 2–8 所示。

（8）根据公共交通投资强度、运力以及土地利用情况，划分一级中心和二级中心，如图 2–9 所示。

（9）为 TOD 中心、公共交通站点、公园绿地建立步行与自行车联系，如图 2–10 所示。

（10）布局一系列种类多样的路网，将人们的工作、生活和休闲活动高效地连接起来，如图 2–11 所示。

图 2–4　用地条件

图 2–5　主要道路

图 2–6　公交先导区

图 2–7　快速公交网络

图 2-8　地铁连接

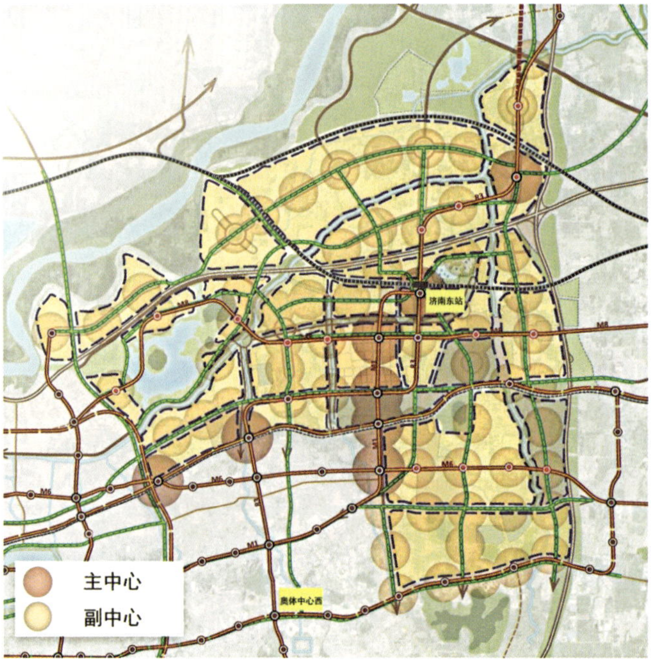


图 2-9　新的 TOD 中心

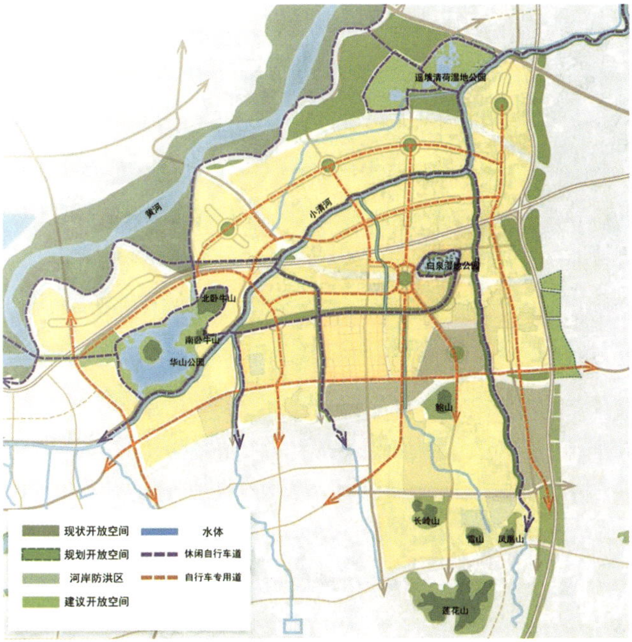


图 2-10　开放空间和步行系统

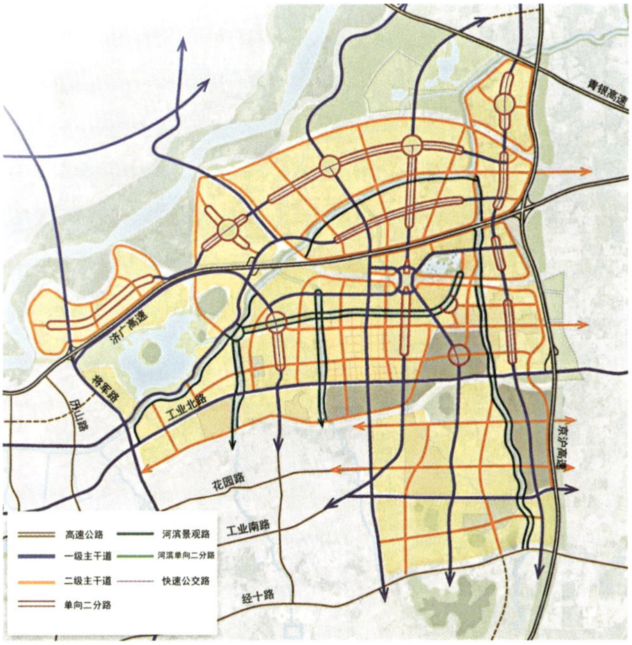


图 2-11　新的路网

对济南东站地区的用地规划包括：

（1）集中的开发密度；

（2）公交导向式开发；

（3）标志性的开放空间体系；

（4）绿色街道网络；

（5）适合步行的小街区；

（6）邻里公园和配套设施。

对济南东站地区的服务配套设施规划（见图 2–12 和图 2–13）包括：

（1）预留联系华山和周边地区的主要开放空间；

（2）建设社区共享的邻里公园；

图 2–12　服务配套设施布局

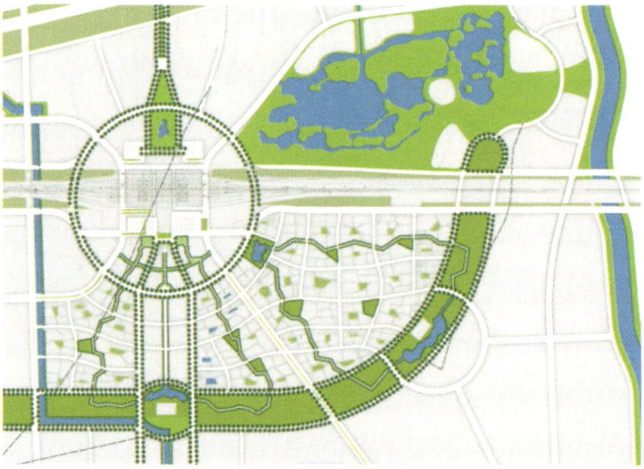

图 2–13　核心区开放空间布局

（3）在南北中轴线上建设城市广场；

（4）为建设学校预留空间；

（5）均匀分布的幼儿园遍及全区；

（6）绿色街道提供便捷的步行环境。

对济南东站地区的道路规划（见图 2–14）包括：

（1）高效的路网；

（2）采用单向二分路，保护适宜步行的环境；

（3）通过绿色步行街道连接学校和配套设施。

图 2–14　道路规划

## 2.2　济南东站综合交通枢纽对片区交通的影响分析

### 2.2.1　城市综合交通枢纽对城市空间结构的影响分析

#### 1. 打造城市中心

聚焦中央商务区建设，集聚资源、增强活力、提升能级，构建城市发展新中心，推动城市发展品质化、业态高端化，强化对全市发展的引领和带动作用。加大棚改旧改工作力度，着力破解拆迁难题，统筹推进以泉城特色标志区、百年商埠区等为重点的老城区优化升级，疏解人口、完善功能、凸显特色，形成与中央商务区互动发展的格局。

#### 2. 建设城市次中心

依据现有基础与发展潜力，规划布局济南西客站、济南东站和黄河北、长清、章丘等城市次中心，推动城市组团式发展。推进产城融合、职住一体，优化教育、医疗、文化等资源配置，吸引老城区产业及人口转移集聚，分担城市功能。建立中心、次中心之间的大运量交通联系，加强城市快速交通体系衔接，强化城市边界设定和生态隔离，着力解决“大城市病”问题。针对济南西客站次中心，强化区域综合交通枢纽功能，加快济南知识产业园等片区建设，打造以高端商务、文化旅游等为主导的现代化城市新区。针对济南东站，推进东部老工业区工业企业搬迁改造，打造以交通集散、商务办公、商业服务等功能为主的城市综合功能区。针对黄河北，以新材料产业园、鹊山龙湖片区为核心，加快发展休闲旅游、新材料、现代物流等产业，以产兴城、以城促产，建设黄河北产业新城。针对长清，结合城市轨道交通 R1 线建设，以济南创新谷为核心，将大学科技园、长清城区等片区建设成为以科研孵化、高技术服务、文化创意为主导产业的现代化科技产业新城。针对章丘，以城区为核心，带动明水经济技术开发区、绣源河等片区发展，推动交通、能源、市政等重大基础设施与老城区高效对接，形成东西互动发展的格局。

#### 3. 培育省会卫星城

支持济阳、平阴、商河三县加快产城融合发展步伐，以县城驻地及工业园区为主要载体，突出优势产业，加强基础设施建设，提高公共服务水平，建设功能完善、富有特色、繁荣宜居的现代化卫星城，增强对城乡一体发展的重要纽带作用。加强济阳与中心城区的对接，支持平阴、商河壮大经济实力，带动县域加快发展。推进城际轨道交通规划建设，密切卫星城与城区的联系。

#### 4. 积极发展小城镇

坚持规模适度、产业集聚、功能集成、要素集约，以农业现代化和新型工业化为支撑，推进刁镇、柳埠、孙耿、万德、孔村、玉皇庙等小城镇建设，打造一批工业重镇、商贸强镇、生态靓镇、休闲名镇，提升小城镇集聚产业、吸纳人口的能力。积极推动强镇扩权，在政策制定、产业引导、城镇规划、土地供应等方面重点扶持，推动有条件的重点镇向小城市转型。

### 2.2.2 济南东站综合交通枢纽对片区交通的影响分析

项目远期（济南东站片区开发建设完成年）早高峰路网流量如图 2–15 所示，项目交通量占背景交通量的比例见表 2–1。

图 2–15 交通流量分布图

表 2–1 项目交通量占背景交通量比例分析（近期）

| 编号 | 道路 | 背景流量（pcu/h）① | 背景饱和度 | 项目流量（pcu/h） | 总流量（pcu/h） | 总饱和度 | 增加饱和度 |
|---|---|---|---|---|---|---|---|
| 1 | 北绕城快速路 | 1473 | 0.22 | 1368 | 2841 | 0.43 | 0.21 |
| 2 | 北环路东段 | 524 | 0.19 | 673 | 1202 | 0.45 | 0.25 |
| 3 | 北环路西段 | 397 | 0.15 | 1497 | 1894 | 0.70 | 0.55 |
| 4 | 南环路西段 | 1214 | 0.45 | 590 | 1804 | 0.67 | 0.22 |
| 5 | 凤凰路 | 1172 | 0.39 | 142 | 1314 | 0.44 | 0.05 |
| 6 | 坝王路 | 622 | 0.48 | 41 | 663 | 0.51 | 0.03 |
| 7 | 开源路 | 716 | 0.55 | 113 | 829 | 0.64 | 0.09 |
| 8 | 站前路 | 1056 | 0.59 | 132 | 1188 | 0.66 | 0.07 |
| 9 | 钢化路 | 583 | 0.32 | 172 | 755 | 0.42 | 0.10 |
| 10 | 奥体西路 | 686 | 0.38 | 273 | 959 | 0.53 | 0.15 |

① pcu/h 即高峰小时的标准小汽车交通量。

项目早高峰产生的交通量占各路段背景交通量的比例中，北环路最大，其次为南环路，这主要是因为这两条道路是进出济南东站的重要通道。

由表 2-1 可知，对整个研究区域而言，背景流量占据主要地位，本项目到发交通对研究区域的交通影响在可接受的范围以内，但对出入口处等局部路段影响较大。片区早高峰背景饱和度与叠加饱和度如图 2-16 所示。

图 2-16　片区早高峰背景饱和度与叠加饱和度

## 2.3　综合交通枢纽设施构成及布局策划

图 2-17　设施布局

### 2.3.1　枢纽区域空间对设施布局的影响分析

枢纽北侧紧邻城市快速通道，是枢纽对外交通的主要途径，因此将北侧广场定义为功能性交通广场。南侧面向主城区，为枢纽区域规划格局的重要节点，因此将南侧广场定义为城市景观广场。济南东站设施总体布局如图 2-17 所示。

另外，从城市公共交通角度去分析综合交通枢纽的整体布局，需要考虑交通设施的分布和流线距离的长短等因素。为体现这一原则，在布局上有以下几个特征：

（1）无缝换乘：交通设施靠近换乘通

道布设，以缩短换乘距离。

（2）近大远小：公交/BRT客流量较大，布设在南广场，缩短与轨道、铁路之间的换乘距离。

（3）布局集约：利用铁路站台下空间，集约布设出租车、社会车辆停车设施。

（4）适应交通主流向：长途车主要来自外围城区，与北侧高速路体系衔接紧密，因此将其设置在北广场。

（5）站场分离：长途客运站外围停车待发区、公交综合保养基地布置在枢纽外围。

### 2.3.2 案例借鉴——杭州东站

杭州结合城市发展结构、区域规划形成快速环路加“井”字主干路的布局。德胜路、石桥路、艮山路、沪杭高速公路四条快速路形成新城外围的交通保护圈，与过境交通实现有效分离；天城路、新塘路、新风路、创新路构成“井”字主干路，进一步分离综合体枢纽交通与穿越新城区域的地区交通；新城区域的到发交通主要是本地区的主干路系统，进而与外围快速路的地面或者高架相连接，实现对外交通联系。具体如图2-18所示。

图2-18 杭州东站周边交通

### 1. 地下一层设施布局

（1）出租车站：在东、西广场将出租车站分别设置在铁路的东北侧和西北侧，其停车场面积分别是 34000 平方米和 43000 平方米。

（2）小汽车停车场：在东、西广场分别设置小汽车停车场，在铁路的东南侧、西南侧共设置 3 处小汽车停车场，其停车场面积分别是 12000 平方米、11000 平方米、14000 平方米。

### 2. 地面设施布局

（1）公交枢纽站：在铁路的东南侧和西南侧分别设置城市公交站，其停车场面积分别是 21000 平方米和 17200 平方米。

（2）旅游大巴及社会停车场：旅游大巴停车场面积约 8000 平方米，主要服务方向是向西方向，设置在铁路西北侧；由于该地块比较大，剩余部分设置社会停车场（小汽车停车场），面积约 6900 平方米。

（3）长途客运站：为方便长途车与外围的快速路网联系，长途客运站设置在铁路的东北侧，面积为 20000 平方米。

（4）自行车停车场：根据杭州东站交通专项研究成果，在枢纽的西北、东南侧分别设置两处自行车停车场，供铁路、地铁乘客换乘使用，如图 2-19 所示。

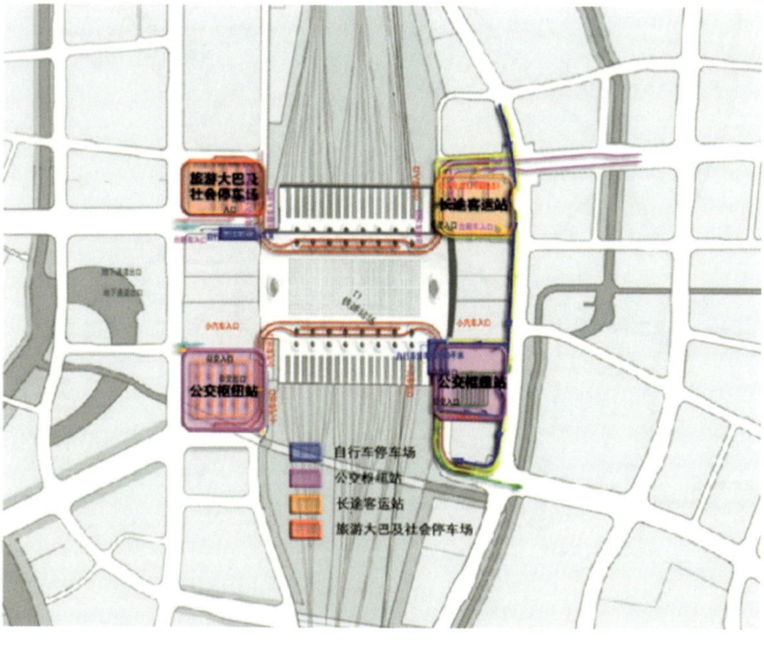


图 2-19　地面交通设施布局

### 2.3.3 综合交通枢纽设施规模分析

根据预测，本项目车站最多聚集人数为5500人（其中石济、济青专线3500人，城际车场暂估2000人）。

本项目是济南东站（高铁站）的配套工程，工程设计内容有枢纽配套交通设施、长途蓄车及公交保养基地、进出场道路3个部分。其中，枢纽配套交通设施包括南广场配套交通设施、北广场配套交通设施。建设地点及建设规模分别如图2-20和图2-21所示。

本项目设计总建筑面积（不含高铁及地铁工程）为245519平方米。其中，南广场配套交通设施为109328平方米，北广场配套

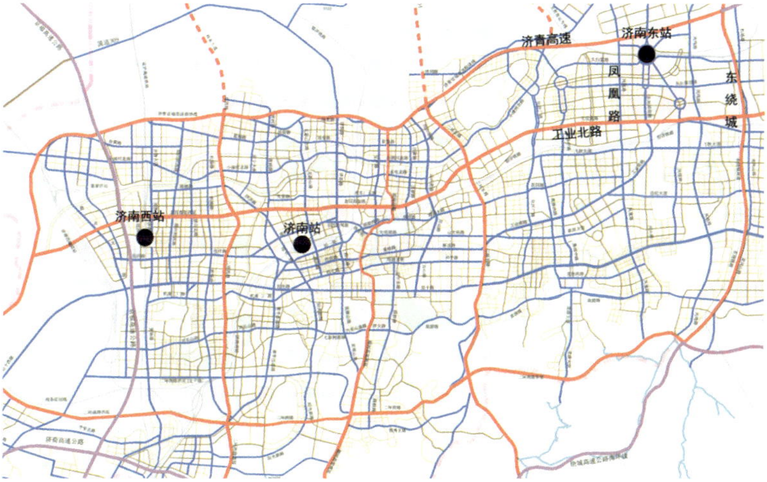


图2-20　建设地点

图2-21　建设规模

交通设施为 95901 平方米，出租车蓄发区（铁路车场范围内）为 15972 平方米，长途蓄车及公交保养基地为 24318 平方米。枢纽区交通设施建筑面积如表 2–2 所示。

**表 2–2　枢纽区交通设施建筑面积**

| 分项 | | 子项 | | 面积（平方米） |
|---|---|---|---|---|
| 市政工程 | 铁路车场范围 | 出租车道（站台下） | 负一层（–11.5 米） | 15972 |
| | 南广场范围 | 地下社会车库 | 负二层（–17.0 米） | 28712 |
| | | | 负一层（–11.5 米） | 16299 |
| | | | 车库出入口（–6.5 米） | 1793 |
| | | 配套附属用房 | 负一层（–11.5 米） | 11435 |
| | | | 地面层（–6.5 米） | 17547 |
| | | | 夹层（–3.5 米） | 3610 |
| | | | 站台层（0.0 米） | 12340 |
| | | | 5.0 米层 | 4998 |
| | | | 10.0 米层 | 199 |
| | | 出租车道（南广场） | 负一层（–11.5 米） | 2573 |
| | | | 负二层（–17.0 米） | 819 |
| | | 公交与 BRT | 负一层（–11.5 米） | 3229 |
| | | | 地面层（–6.5 米） | 661 |
| | | 过街通道及出入口 | 负二层（–17.0 米） | 5113 |
| | | 小计 | | 109328 |
| | 北广场范围 | 长途汽车站 | 地面层（–6.5 米） | 8402.39 |
| | | | 架空广场 | 11619.25 |
| | | | 地面构筑物 | 658.16 |
| | | | 地下一层综合换乘中心 | 3831 |
| | | | 地下一层下沉广场回廊 | 2122 |
| | | 公交车办公区域 | 地面层（–6.5 米） | 391.3 |
| | | 出租车闸道（北广场） | 负一层（–11. 5 米） | 5432 |
| | | 地下社会车库 | 负二层（ –18.0 米） | 31309.5 |
| | | | 负一层（–14.0 米） | 32135.4 |
| | | 小计 | | 95901 |
| | 长途蓄车及公交保养基地 | | | 24318 |
| 总计 | | | | 245519 |
| 广场雨棚投影面积 | | | | 25364 |

### 2.3.4 综合交通枢纽设施衔接及布局

北广场以交通功能为主，城际交通、长途交通集散主要集中于北广场。南广场是兼顾交通和景观功能的城市广场，对土地开发与整体景观的要求高于北广场。南、北广场之间的人员流动可以通过地下一层的城市通廊连接，出租车可以通过东、西两条出租车通道互通，保证了南、北广场各交通功能主体的有机衔接。枢纽交通设施布局如图 2–22 所示。

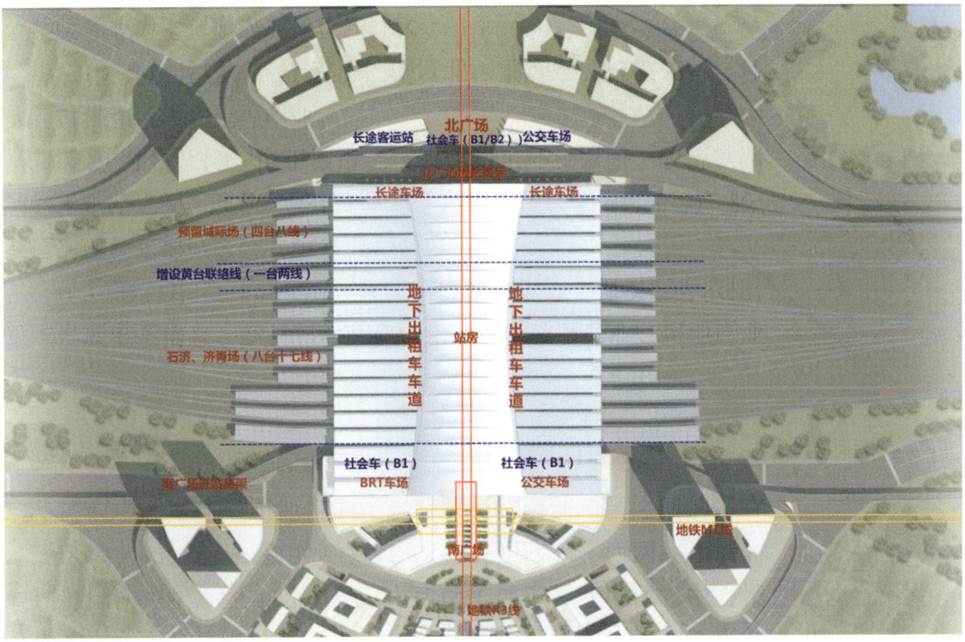


图 2–22　交通设施布局图

# 第3章

# 济南东站综合交通枢纽规划


3.1 所在片区城市总体规划

3.1.1 王舍人片区规划

3.1.2 张马片区规划

3.2 枢纽交通现状与规划分析

3.2.1 枢纽交通现状分析

3.2.2 枢纽交通规划分析

3.3 枢纽交通需求和模式分析

3.3.1 交通总量分析

3.3.2 交通出行分布分析

3.3.3 交通模式分析

3.4 枢纽交通组织原则

3.4.1 设计目标

3.4.2 交通组织原则

3.5 枢纽快速集散系统分析

3.5.1 城市快速轨道交通系统

3.5.2 城市快速集散道路系统

3.5.3 近期实施建议

3.5.4 枢纽快速集散系统评价

3.6 枢纽交通设施规模分析与布局

3.6.1 枢纽交通设施规模分析

3.6.2 枢纽交通设施分层布局

3.7 枢纽内部交通组织
3.7.1 枢纽内部交通组织总体原则
3.7.2 枢纽内部交通流线组织
3.7.3 远期枢纽到发交通流线组织
3.7.4 近期（2025 年前）枢纽到发交通流线组织
3.7.5 慢行交通流线组织

## 3.1 所在片区城市总体规划

### 3.1.1 王舍人片区规划

#### 1. 规划范围

该片区北至济青高速，南至胶济铁路，西至大辛河，东至东绕城城市快速路，面积约为 46.5 平方千米。

#### 2. 规划目标

以交通枢纽功能为先导，以发展现代服务业为主导的国家级重要交通枢纽、济南城市“五个次中心”之一。

#### 3. 主导功能

具体包括交通枢纽、商业商务、旅游服务、文化创意、生活居住等功能。

#### 4. 总体布局结构

以济南东站枢纽、白泉湿地公园、站前传统风貌区为核心；以 120 米宽、7000 米长的华山—白泉景观廊道为骨架；围绕轨道及 BRT 站点形成功能复合、高强度开发的 TOD 中心；沿绿道网络形成由社区公园、中小学、社区服务站等组成的邻里中心。

#### 5. 城乡用地

城乡用地总面积为 4653.98 公顷，其中建设用地面积为 2683.01 公顷，占总用地的 57.65%，主要是城市建设用地、区域交通设施用地；特殊控制区用地面积为 830.93 公顷，占总用地的 17.85%；非建设用地面积为 1140.04 公顷，占总用地的 24.5%，主要是水域、生态休闲用地（见表 3-1）。

**表 3–1　规划城乡用地**

| 用地代码 | | | 用地名称 | 用地面积（公顷） | 占城乡用地比例 |
|---|---|---|---|---|---|
| 大类 | 中类 | 小类 | | | |
| H | | | 建设用地 | 2683.01 | 57.65% |
| | H1 | | 城乡居民点建设用地 | 2341.67 | |
| | | H11 | 城市建设用地 | 2341.67 | |
| | H2 | | 区域交通设施用地 | 341.34 | |
| | | H21 | 铁路用地 | 285.06 | |
| | | H22 | 公路用地 | 56.28 | |
| E | | | 非建设用地 | 1140.04 | 24.50% |
| | E1 | | 水域 | 161.95 | |
| | E9 | | 其他非建设用地（生态休闲用地） | 978.09 | |
| 特殊控制区用地 | | | | 830.93 | 17.85% |
| 城乡用地 | | | | 4653.98 | 100% |
| R | | | 居住用地 | 936.25 | 37.66% |
| | R2 | R21 | 二类居住用地 | 645.22 | |
| | | R22 | 普教设施用地 | 36.47 | |
| A | | | 公共管理与公共服务设施用地 | 229.8 | 9.13% |
| | A1 | | 行政办公用地 | 5.23 | |
| | A2 | | 文化设施用地 | 5.77 | |
| | A3 | | 教育科研用地 | 184.28 | |
| | | A32 | 中等专业学校用地 | 9.26 | |
| | | A33 | 中小学用地 | 172.57 | |
| | | A34 | 特殊教育用地 | 2.45 | |
| | A4 | | 体育用地 | 7.65 | |
| | A5 | | 医疗卫生用地 | 16.29 | |
| | | A51 | 医院用地 | 16.29 | |
| | A6 | | 社会福利用地 | 1.96 | |
| | A7 | | 文物古迹用地 | 0.07 | |
| | A2+A4+A5 | | 文化体育医疗综合用地 | 8.55 | |
| B | | | 商业服务业设施用地 | 208.34 | 9.24% |
| | B1 | | 商业用地 | 161.36 | |
| | B2 | | 商务用地 | 36.16 | |
| | B3 | | 娱乐康体用地 | 1.42 | |
| | B4 | | 公共设施营业网点用地 | 1.77 | |
| | | B41 | 加油加气站用地 | 1.77 | |
| | B9 | | 其他服务设施用地 | 7.63 | |

续表

| 用地代码 | | | 用地名称 | 用地面积（公顷） | 占城乡用地比例 |
|---|---|---|---|---|---|
| 大类 | 中类 | 小类 | | | |
| M | 工业用地 | | | 21.7 | 0.86% |
| | M1 | 一类工业用地 | | 21.7 | |
| W | 物流仓储用地 | | | 2.51 | 0.20% |
| | W2 | 二类物流仓储用地 | | 2.51 | |
| S | 道路与交通设施用地 | | | 573.69 | 27.26% |
| | S1 | 城市道路用地 | | 547.13 | |
| | S3 | 交通枢纽用地 | | 9.84 | |
| | S4 | S41 | 公共交通场站用地 | 5.42 | |
| | | S42 | 社会停车场用地 | 5.42 | |

### 6. 城市建设用地

城市建设用地面积（不包含特殊控制区）为 2341.67 公顷，占总用地的 50.32%。城市建设用地主要包括居住用地、公共管理与公共服务设施用地、商业服务业设施用地、道路与交通设施用地、公用设施用地、绿地与广场用地等。王舍人片区土地使用规划及规划用地指标分别见图 3-1、表 3-2。

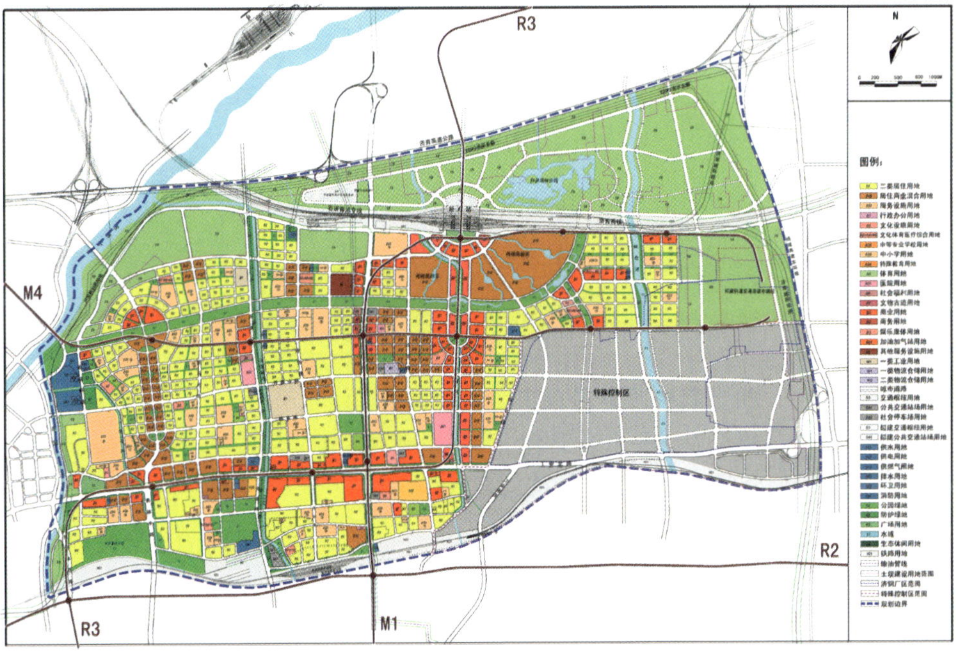


图 3-1　王舍人片区土地使用规划图

表 3-2　王舍人片区规划城市用地

| 用地代码 | | | 用地名称 | 用地面积（公顷） | 占城乡用地比例 |
|---|---|---|---|---|---|
| 大类 | 中类 | 小类 | | | |
| U | | | 公用设施用地 | 42.35 | 1.94% |
| | U1 | | 供应设施用地 | 17.9 | |
| | | U11 | 供水用地 | 6.41 | |
| | | U12 | 供电用地 | 10.37 | |
| | U2 | | 环境设施用地 | 24.52 | |
| | | U21 | 排水用地 | 23.14 | |
| | | U22 | 环卫用地 | 1.38 | |
| | U3 | | 安全设施用地 | 1.05 | |
| | | U31 | 消防用地 | 1.05 | |
| G | | | 绿地与广场用地 | 327.03 | 13.71% |
| | G1 | | 公园绿地 | 224.28 | |
| | G2 | | 防护绿地 | 97.78 | |
| | G3 | | 广场用地 | 4.97 | |
| H11 | | | 城市建设用地 | 2341.67 | 84.35% |

### 7. 街区划分

该片区划分为 21 个街区，编码为 Dws–01~Dws–21，按街区分别赋予指标。济南东站位于 Dws–03 和 Dws–05 街区（见图 3–2）。

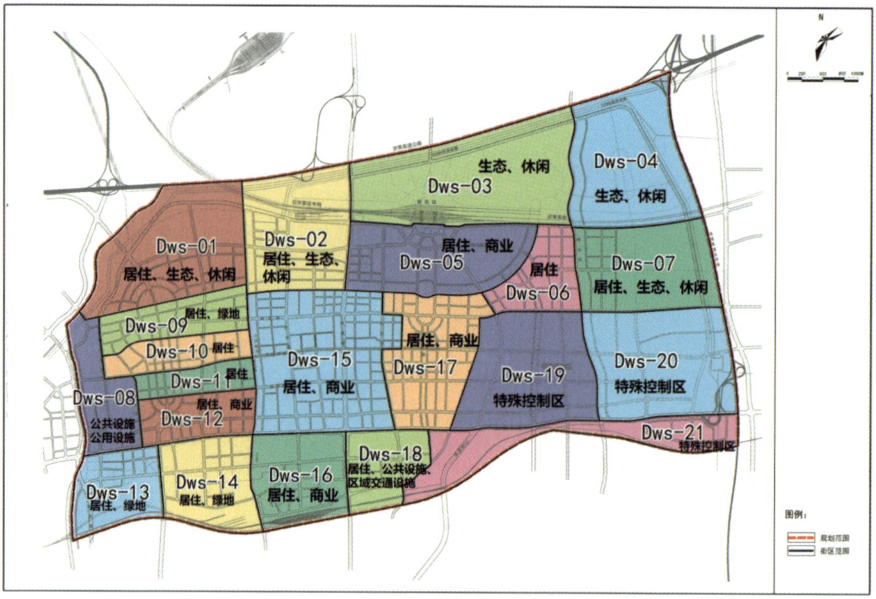


图 3–2　王舍人片区街区划分与控制指标

### 8. 用地建设强度

（1）低强度建设区：用地容积率控制在 1.0 以下（含 1.0），主要包括各街区内的文化体育设施、教育设施和市政设施用地。济南东站位于低强度建设区。

（2）中低强度建设区：用地容积率控制在 1.0 ~ 2.0（含 2.0），主要包括 Dws–05、Dws–11、Dws–12 等街区内的低层、多层居住用地，Dws–10、Dws–17 等街区内的医疗设施用地，Dws–18 街区内的职业学校用地，Dws–05 街区内的商业用地。

（3）中等强度建设区：用地容积率控制在 2.0 ~ 3.0（含 3.0），主要包括 Dws–01、Dws–02、Dws–05、Dws–06、Dws–08、Dws–09、Dws–10、Dws–11、Dws–12、Dws–13、Dws–14、Dws–15、Dws–16、Dws–17、Dws–18 等街区内的高层居住用地。

（4）中高强度建设区：用地容积率控制在 3.0 ~ 4.0（含 4.0），主要包括 Dws–01、Dws–02、Dws–05、Dws–09、Dws–15 等街区内的高层居住用地及商住混合用地，Dws–10、Dws–11、Dws–12、Dws–13、Dws–14、Dws–16、Dws–17 街区内的部分商住混合用地，Dws–02、Dws–05、Dws–08、Dws–09 街区内的商业商务用地。

（5）高强度建设区：用地容积率在 4.0 以上，主要包括 Dws–12 街区内的商住混合用地，Dws–01、Dws–05、Dws–06、Dws–09、Dws–12、Dws–13、Dws–14、Dws–15、Dws–16、Dws–17、Dws–18 等街区内的商业商务用地，如图 3–3 所示。

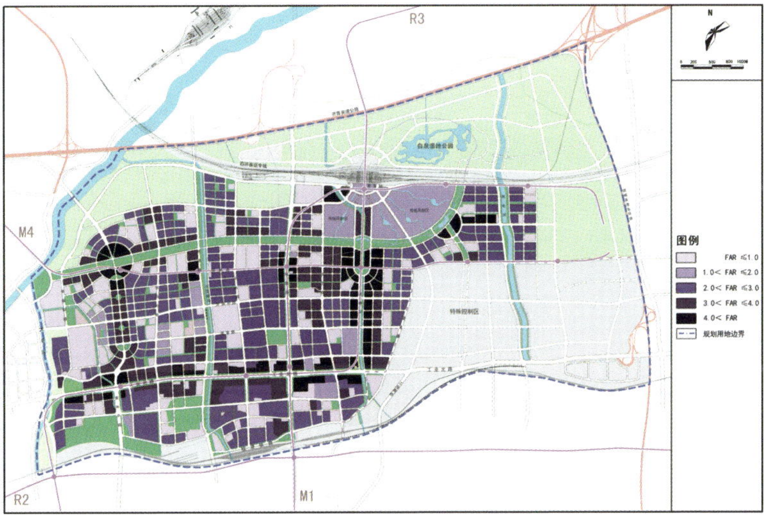


图 3–3　王舍人片区土地开发强度

### 3.1.2 张马片区规划

张马片区场地位于济南东站片区内，基本处于未开发状态。地形平坦，有泉水及其他水系位于场地之内。场地内的开放空间和水系需要保护起来并在未来成为居民的休闲场所。工业北路是场地中最为重要的干道。张马片区位置如图 3–4 所示。

济南东站片区的规划突出了多功能综合利用特征。方案围绕小街区和密路网来布局，加入了一系列公园和绿道。场地配备有地铁和快速公交系统以及常规公交，提供了完善的交通体系。广泛布局的绿道系统则为场地和周边地区的联系提供了更多选择。具体如图 3–5 至图 3–9 所示。

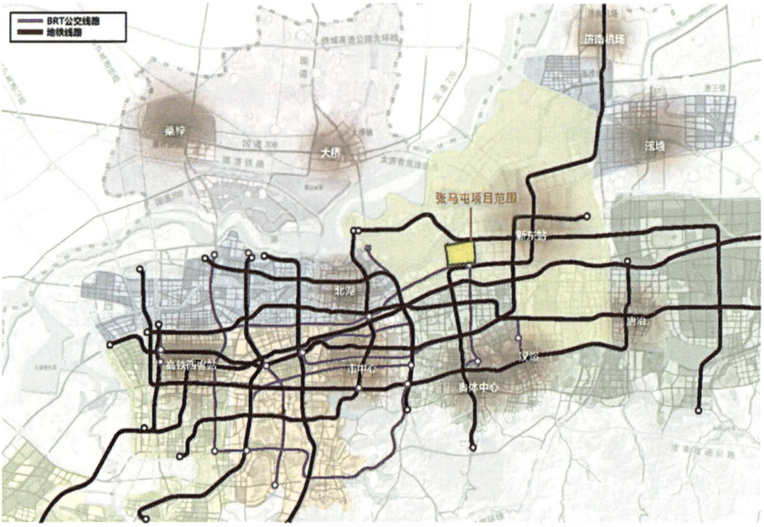


图 3–4　张马片区位置

图 3–5　张马片区用地规划图

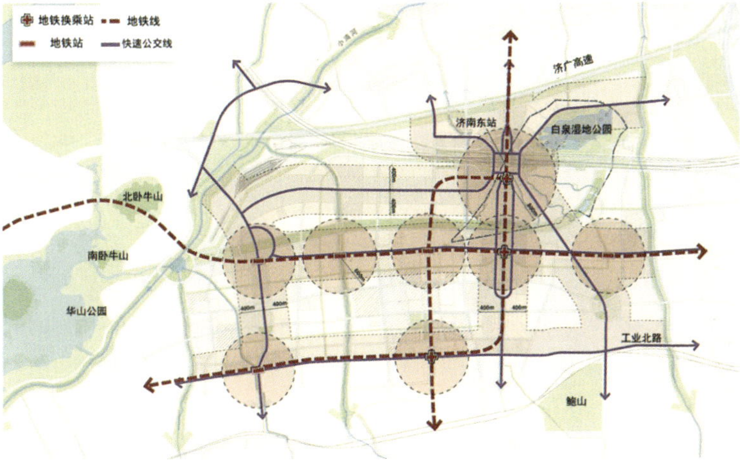


图 3-6　公共交通规则

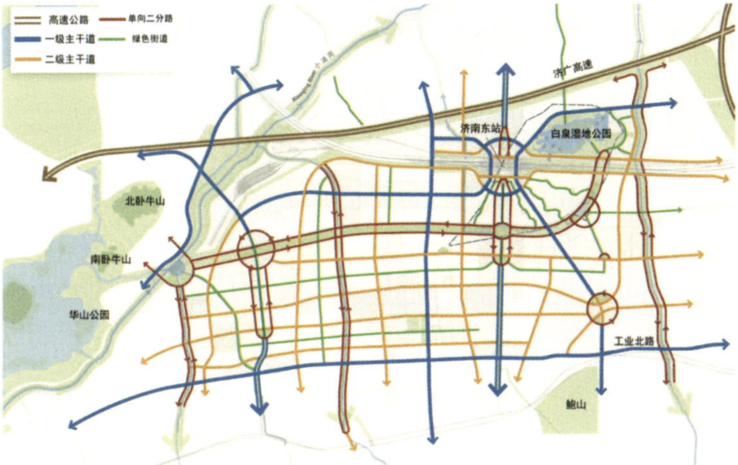


图 3-7　道路等级

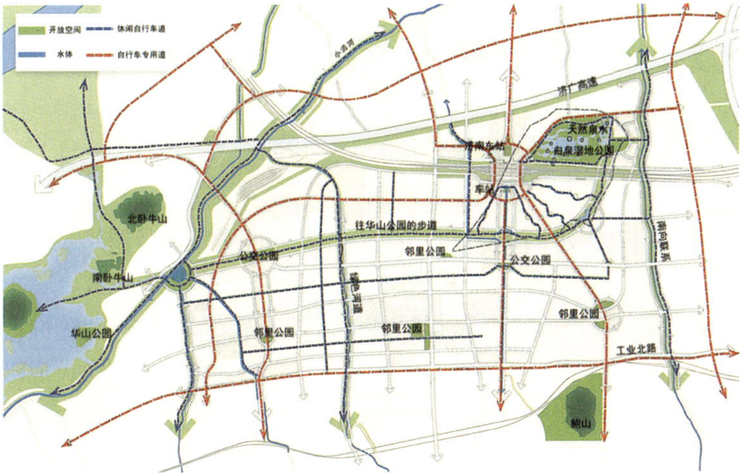


图 3-8　步道系统

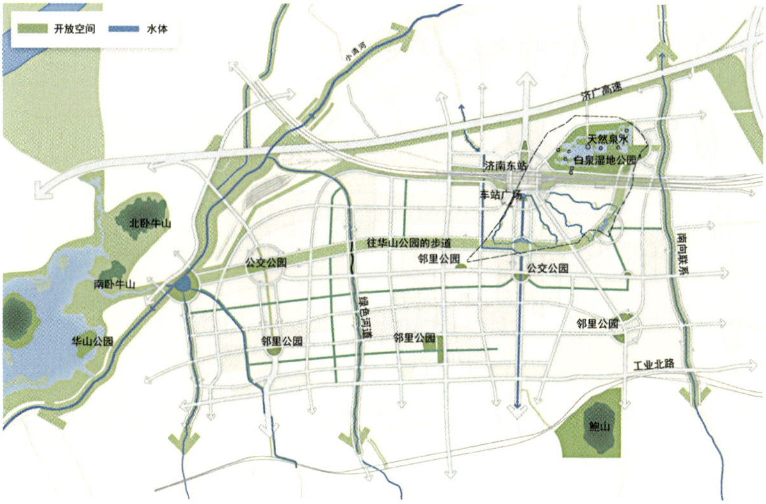


图 3-9 开放空间

## 3.2 枢纽交通现状与规划分析

### 3.2.1 枢纽交通现状分析

目前，济南东站枢纽周边主要道路为东绕城高速（京沪高速）、济青高速、凤凰路、坝王路，其余道路多为村镇道路，部分道路尚未硬化，交通条件较差。道路情况如图 3-10 所示。

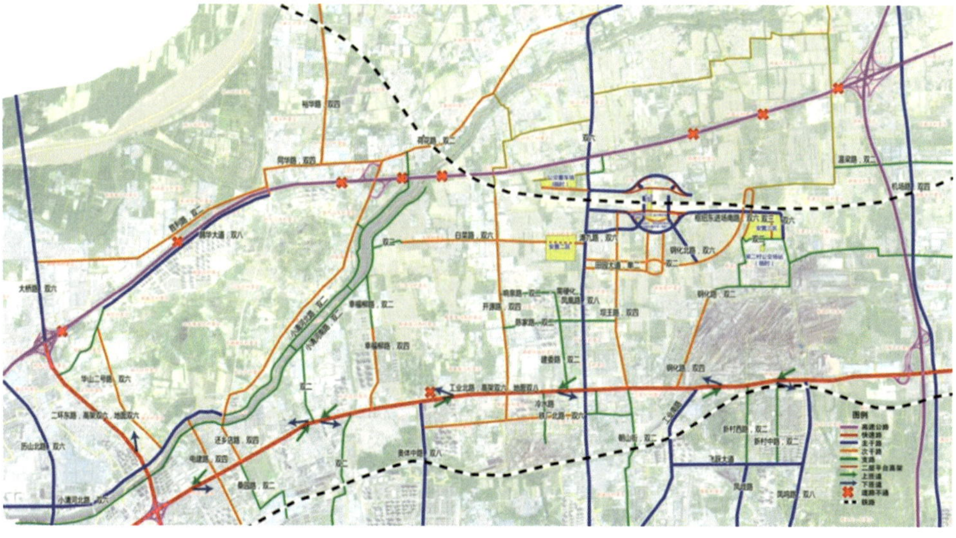

图 3-10 济南东站片区路网现状图

目前，济南东站片区周边有多条道路已完成改造或新建，其中片区南部主干路工业北路已完成高架改造，济青高速已完成拓宽改造，凤凰路局部新建工程也已完成，但仅靠现状路网，难以支撑济南东站未来的交通集散需求。

### 3.2.2 枢纽交通规划分析

#### 1. 铁路枢纽规划

根据铁路枢纽规划，未来济南将有 3 个主要铁路客运枢纽以及 2 个客运辅助枢纽，其中济南东站为济南市主要客运枢纽，主要服务于东部城区，提供分区域、分方向、分方式的服务。线路以始发线路为主，兼顾全部属性列车。车站级别为特等站，预测 2030 年客运量将超过千万人次。

济南东站主要承担石济客专和济青高铁的到发与通过功能，同时作为济南至滨州、泰安、莱芜、聊城城际的主要始发站，至其他城市城际的辅助始发站。

#### 2. 公路枢纽规划

根据公路枢纽规划，未来将形成“二环十一射”城市快速路网络以及 9 个客运枢纽和 9 个货运枢纽。新增济泰与济潍高速，分流京福和济青高速压力，强化济南到泰安、淄博、潍坊的城际联系。公路运输从以济南为中心的单点聚集，向城市群分流、分层组织格局转变。

#### 3. 片区控制性详细规划

济南东站片区用地以住宅用地为主，其次是商业商务用地。片区内将形成“一轴两带”的城市空间结构体系。

一轴: 以济南东站及枢纽区为核心引出的南北向公共服务轴线。

两带：连通白泉景区与华山景区的城市绿带；沿工业北路两侧形成城市公共服务带。

## 3.3 枢纽交通需求和模式分析

### 3.3.1 交通总量分析

济南东站枢纽的交通需求可以划分为两大部分（见图 3-11），即：

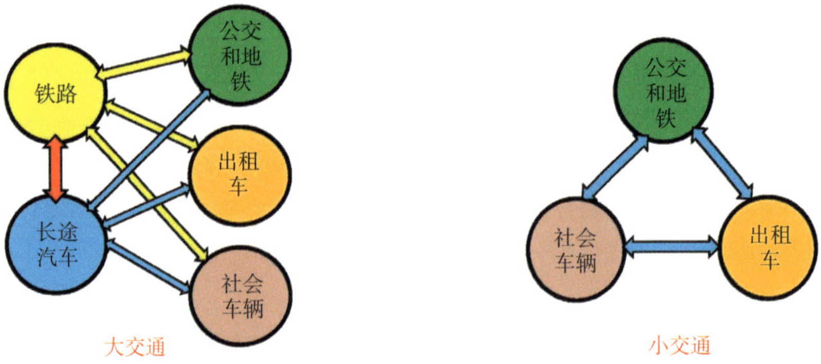


图 3-11　“大交通”与“小交通”示意图

（1）大交通：与城市对外交通方式（铁路和长途汽车）相关的交通换乘。

（2）小交通：城市内部交通方式之间的换乘。

枢纽需求分析的总体思路可以分为以下三点：

（1）满足“大交通”需求是枢纽服务的首要目标。

（2）先确定“大交通”需求，再确定“小交通”需求。

（3）“小交通”优先考虑为“大交通”服务。

采用两种不同的计算方法，对济南东站枢纽交通辐射能力进行分析。通过对不同方案的相互比较，得到较为科学的需求数据。

（1）原单位法：济南东站枢纽承担交通功能的建筑面积约 22 万平方米。客运站用地的出行生成率建议取值 10 人次每百平方米建筑面积。取济南东站总体容积率为 1.5，则计算得到济南东站交通生成量为：

$T$= 用地面积 × 容积率 × 单位用地交通生成率

=2200 × 1.5 × 10=33000（人次每时）

（2）类比法：济南东站建成后的日均旅客发送总量为 5 万 ~10 万人次，取高峰小时旅客发送量占全天的比例为 20%，则济南东站旅客总发送量为 1 万 ~2 万人次 / 时。假设济南东站的交通吸引率比例为 1∶1，则估算济南东站的交通出行量为 2 万 ~4 万人次 / 时。

综上所述，济南东站的交通辐射能力较强，客流量可以达到 3 万人次 / 时。

### 3.3.2　交通出行分布分析

济南东站片区为 TOD 规划区，强化了公共交通的引导作用，围绕济南东站规划有轨道交通 R3、M1、M4 线，BRT 线路以及常规公交“三网合一”的公共交通体系。因此，预计济南东站公共交通出行方式将会占到较大比例。出行产生量分布如图 3-12 所示。

### 3.3.3 交通模式分析

#### 1. 高铁

根据国内高铁站建设经验分析，在总体交通设施水平接近的情况下，各高铁站的出行结构具有相似性。因此，通过将济南东站总体交通设施水平，如轨道交通服务能力、常规公交服务能力、枢纽配建机动车停车场面积等，与国内其他高铁站进行类比，可以预测济南东站到 2030 年甚至 2040 年的出行结构。济南东站未来出行分担率见表 3-3。在高峰小时，济南东站各种交通方式的比例和客流量见表 3-4。

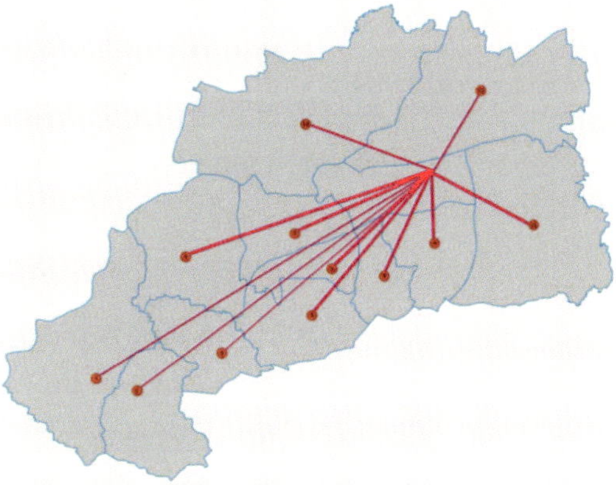

图 3-12 出行产生量分布图



表 3-3 济南东站未来出行分担率

单位：%

| | 长途客车 | 轨道交通 | 常规公交 | 出租车 | 社会车辆 | 慢行交通 | 合计 |
|---|---|---|---|---|---|---|---|
| 上海虹桥火车站 | 5.00 | 45.00 | 15.00 | 18.00 | 15.00 | 2.00 | 100.00 |
| 南京南站 | 6.70 | 46.50 | 13.20 | 16.00 | 15.10 | 2.50 | 100.00 |
| 沈阳南站 | 3.50 | 47.00 | 23.00 | 13.00 | 12.00 | 1.50 | 100.00 |
| 合肥高铁南站 | 7.20 | 38.80 | 28.20 | 11.10 | 12.10 | 2.60 | 100.00 |
| 平均 | 5.50 | 44.30 | 19.90 | 14.50 | 13.60 | 2.20 | 100.00 |
| 济南东站（2030年） | 10.00 | 25.00 | 25.00 | 21.00 | 17.00 | 2.00 | 100.00 |
| 济南东站（2040年） | 10.00 | 40.00 | 17.00 | 18.00 | 13.00 | 2.00 | 100.00 |



表 3-4 济南东站高峰小时各种交通方式的比例和客流量

| | | 长途客车 | 轨道交通 | 常规公交 | 出租车 | 社会车辆 | 慢行交通 |
|---|---|---|---|---|---|---|---|
| 2030 年 | 占比 | 10% | 25% | 25% | 21% | 17% | 2% |
| | 客流量（人/时） | 859 | 2148 | 2148 | 1804 | 1461 | 172 |
| 2040 年 | 占比 | 10% | 40% | 17% | 18% | 13% | 2% |
| | 客流量（人/时） | 1141 | 4566 | 1941 | 2055 | 1484 | 228 |

2. 长途巴士

根据规划，未来济南长途客运场站要实施外迁整合，济南东站将打造成为济南东部长途客运枢纽站，共设置发车位 52 个。预计日发送 1500 班次，设计日均旅客发送量为 2.3 万人次，高峰小时发送量为 5700 人。国内长途客运枢纽出行分担率如图 3–13 所示。

根据国内长途汽车客运站经验分析，济南东站长途客运站 2040 年的交通方式比例和客流预测见表 3–5。

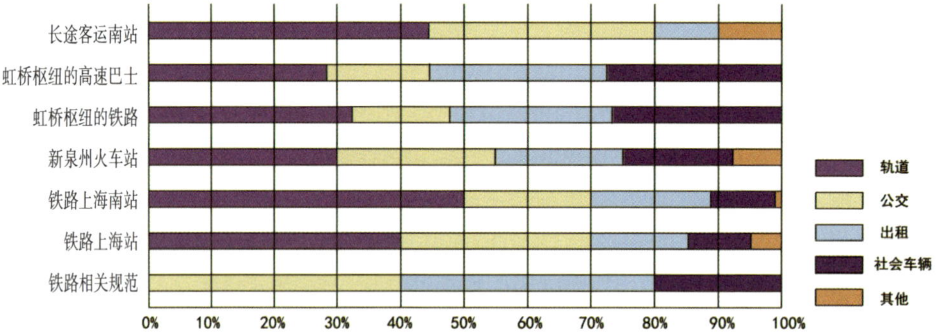


图 3–13 国内长途客运枢纽出行分担率

**表 3–5 济南东站长途汽车站客流交通方式比例和客流量预测**

| 年份 | | 高铁 | 轨道交通 | 常规公交车 | 出租车 | 社会车辆 | 慢行交通 | 合计 |
|---|---|---|---|---|---|---|---|---|
| 2040 | 比例 | 10% | 30% | 30% | 20% | 8% | 2% | 100% |
| | 客流量（人/时） | 570 | 1710 | 1710 | 1140 | 456 | 114 | 5700 |





## 3.4 枢纽交通组织原则

### 3.4.1 设计目标

本项目力图实现快速、绿色、和谐、便捷的设计目标。

（1）快速：济南东站是济南市重要的对外交通枢纽，交通方案需要确保枢纽交通的快速到发。

（2）绿色：提升公交服务水平，鼓励公共交通出行，致力于打造一个节能减排的绿色交通系统。

（3）和谐：在济南东站这样一个大型综合枢纽内，实现人流与车流、交通与环境、交通与建筑的和谐统一。

（4）便捷：区域内有铁路、常规公交、轨道交通等多类型的交通出行方式。方案设计会考虑各种交通方式的出行需求，确保流线的顺畅，最终实现各种交通方式间的便捷换乘。

### 3.4.2 交通组织原则

（1）人车分离：站区出入应遵循人车分离的原则，即人行与车行通道分离，减少两者之间的干扰，提高行人的舒适性和安全性。

（2）到发分区：各交通方式到达和出发的路线和上下客区域应分开，进出站区的道路按单向交通组织，减少进出交通之间的干扰。

（3）快慢分层：在空间上对快速和慢速的进出交通进行分离。对时效性要求较高的到达站区的交通（如利用社会车辆、出租车等送客的交通），利用高架系统与站区联系并实现快速驶离；对时效性要求相对较低的交通，则利用地面道路进行集散。

（4）分类管理：对不同功能的交通方式采取不同的管理措施，以确保各种交通运行有序。

（5）分区循环：以划分区域的形式在南、北广场分别构建循环系统，以利于不同交通工具的集散。

（6）主流向优先：主要由西向东进入枢纽；南广场设置高架平台系统，实现与外围快速通道的衔接；北广场主要承担东侧车流。

## 3.5 枢纽快速集散系统分析

### 3.5.1 城市快速轨道交通系统

近期，轨道交通只有 R3 线，在实现济南东站与东部城区的南北向快速联系方面，仍需依靠其他交通方式。济南东站轨道交通线路如图 3–14 所示。

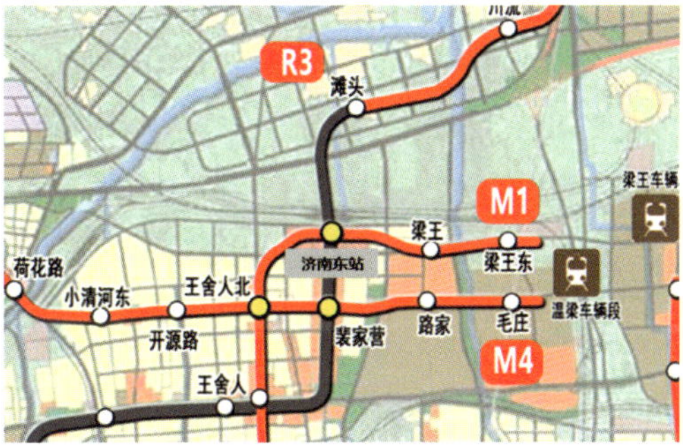


图 3–14 济南东站轨道交通线路

### 3.5.2 城市快速集散道路系统

北广场主要通过济青高速、东绕城高速实现快速集散，快速到发条件较好，但交通功能的充分发挥取决于济青高速“高改快”推进情况。

南广场主要通过规划路、凤凰路、工业北路、凤鸣路、东绕城高速、开源路等地面道路集散，集散效率有待提升。济南东站主要集散通道如图 3–15 所示。

图 3-15　济南东站主要集散通道

图 3-16　近期枢纽集散道路网

图 3-17　近期快捷化道路

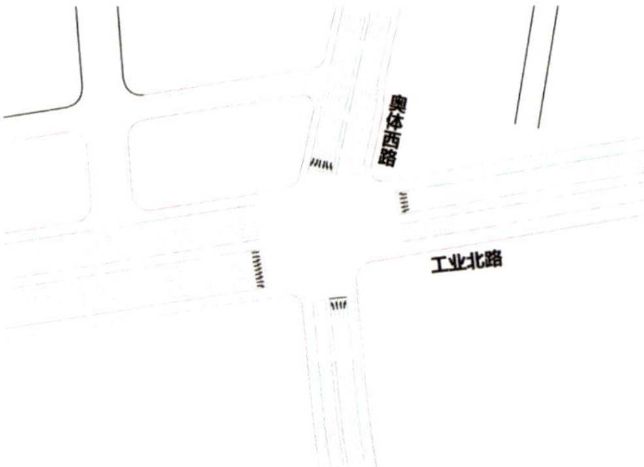


图 3-18　工业北路—奥体西路渠化拓宽

### 3.5.3　近期实施建议

近期枢纽集散路网主要包括凤凰路、开源路、奥体西路—规划路，如图 3-16 所示。

#### 1. 近期快捷化方案

近期需要进行奥体西路—规划路的部分快捷化改造，如图 3-17 所示。

考虑到开源路和凤凰路两侧的地块开发较多，车辆进出频繁，需要建设奥体西路—规划路通道并进行快捷化处理，引导车辆使用此通道进出济南东站。

奥体西路—规划路需要在 4 处主要交叉口主线进行下穿，其余路口采用右进右出方式。

#### 2. 重要节点处理方案

（1）工业北路—奥体西路：工业北路左转进入奥体西路的地面交叉口处交通量非常大（超过 1400pcu/h）。为此，在西进口设置 5 条左转车道、3 条直行车道、1 条右转车道；需要对交叉口进行渠化拓宽，其中工业北路红线从 60 米拓宽到 86 米，奥体西路红线局部从 40 米拓宽到 57.5 米，如图 3-18 所示。

（2）工业北路—开源路：工业北路地面西进口设置 2 条左转车道、4 条直行车道、1 条右转车道；需要对交叉口进行渠化拓宽，其中工业北路西进口红线拓宽到 73 米，开源路红线局部拓宽到 40.5 米，如图 3-19 所示。

（3）工业北路—凤凰路：工业北路地面西进口设置 3 条左转车道、4 条直行车道、1 条右转车道；需要对交叉口进行渠化拓宽，其中工业北路西进口红线拓宽到 86.5 米，如图 3-20 所示。

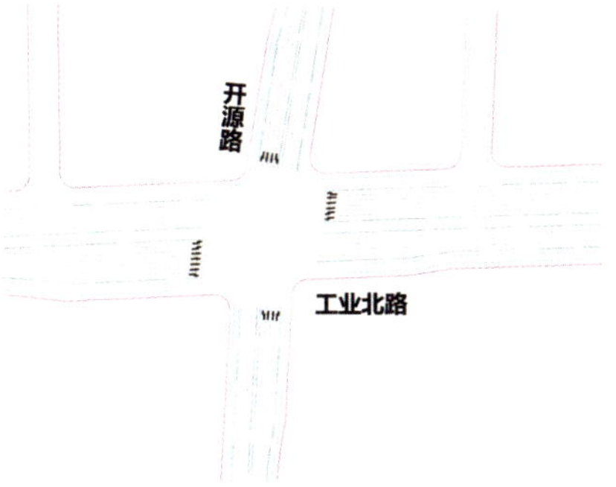


图 3-19　工业北路—开源路渠化拓宽

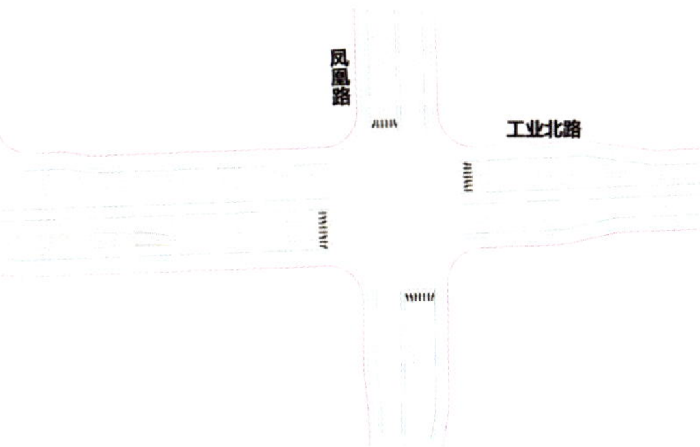


图 3-20　工业北路—凤凰路渠化拓宽

### 3. 道路拓宽

（1）奥体西路拓宽：考虑到枢纽客流量和片区客流量在奥体西路上有重叠，奥体西路部分路段红线需要从 40 米拓宽到 45 米，如图 3-21 所示。

（2）规划路拓宽：考虑到未来快捷化改造的需求以及枢纽交通需求与片区交通需求的叠加，需要预留双向六车道的空间。因此，规划路红线需要从 35 米调整到 40 米，如图 3-22 所示。

图 3-21　奥体西路需拓宽路段

图 3-22　规划路需拓宽路段

### 3.5.4 枢纽快速集散系统评价

**1. 远期**

针对远期北绕城高速城市化改造情况，分别进行路网流量及饱和度预测，得到两种情况下路网系统的服务水平，如图 3–23 所示。

若北绕城高速没有进行快速路改造，从表 3–6 中可以看出：北绕城高速分担的到发交通量显著下降，南环路西段分担的到发交通量显著上升，凤凰路、坝王路、开源路、站前路、奥体西路分担的到发交通量均有不同程度的提高。

图 3–23　北绕城高速改造前后片区路网叠加交通量及服务水平

**表 3–6　有无“高改快”项目周边路网流量对比**

（单位：pcu/h）

| 编号 | 道路 | 有“高改快”项目流量分布 | 无“高改快”项目流量分布 |
|---|---|---|---|
| 1 | 北绕城快速路 | 1368 | 337 |
| 2 | 北环路东段 | 678 | 599 |
| 3 | 北环路西段 | 1497 | 818 |
| 4 | 南环路西段 | 590 | 1290 |
| 5 | 凤凰路 | 142 | 208 |
| 6 | 坝王路 | 41 | 46 |
| 7 | 开源路 | 113 | 150 |
| 8 | 站前路 | 132 | 291 |
| 9 | 钢化路 | 172 | 169 |
| 10 | 奥体西路 | 273 | 342 |

## 2. 近期

根据预测，近期项目高峰时段机动车吸引量为1904pcu/h，路网流量分布如图3-24和图3-25所示，项目早高峰期产生的吸引量与背景交通量的情况见表3-7。

从表3-7中可以看出，近期济南东站主要通过工业北路、南环路、凤凰路进行交通疏散。对于外围道路，背景流量占据主要地位。

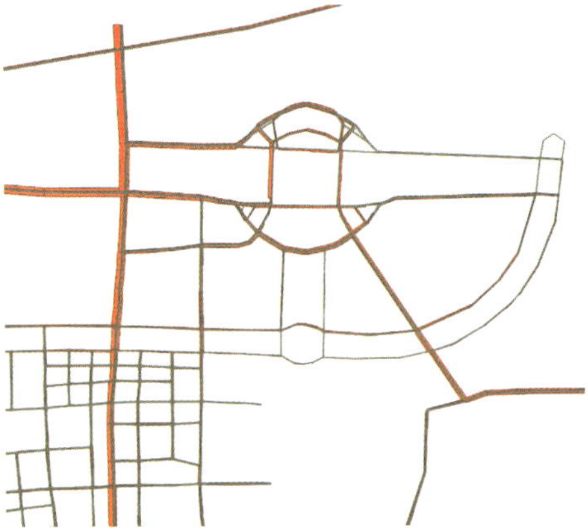

图3-24　近期交通流量分布图

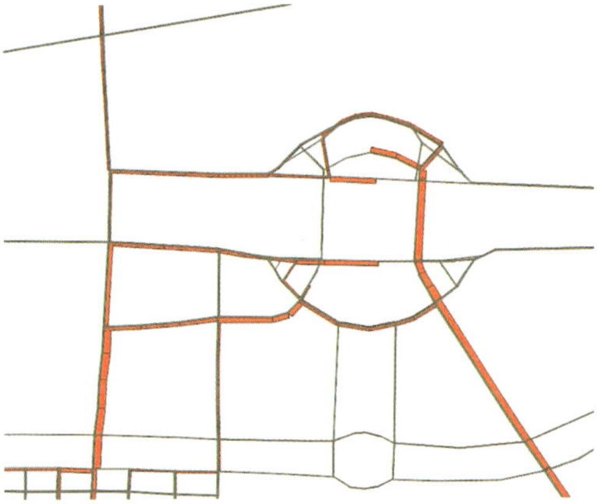

图3-25　近期项目到发交通路网分布图

**表3-7　项目交通量占背景交通量的比例（近期）**

| 编号 | 道路 | 背景流量（pcu/h） | 背景饱和度 | 项目流量（pcu/h） | 总流量（pcu/h） | 总饱和度 | 增加饱和度 |
|---|---|---|---|---|---|---|---|
| 1 | 工业北路高架路 | 2895 | 0.54 | 786 | 3681 | 0.68 | 0.14 |
| 2 | 工业北路地面路 | 1042 | 0.38 | 153 | 1195 | 0.44 | 0.06 |
| 3 | 凤凰路 | 560 | 0.18 | 469 | 1029 | 0.34 | 0.16 |
| 4 | 坝王路 | 464 | 0.36 | 167 | 631 | 0.49 | 0.13 |
| 5 | 开源路 | 531 | 0.41 | 175 | 706 | 0.54 | 0.14 |
| 6 | 南环路 | 325 | 0.18 | 848 | 1173 | 0.65 | 0.47 |
| 7 | 钢化路 | 222 | 0.12 | 401 | 623 | 0.35 | 0.23 |

图 3-26　近期项目周边路网饱和度图

对于片区内部道路，项目到发交通量占比较大。项目周边路网饱和度如图 3-26 所示。可以看出，由于近期项目周边地块大多处于待开发状态，路网整体运行较顺畅。

## 3.6　枢纽交通设施规模分析与布局

### 3.6.1　枢纽交通设施规模分析

#### 1. 配套道路规模

本项目配套道路包括枢纽区（环内）道路和外围（环外）集散道路。枢纽区配套道路包括北环路、站北路、南环路、站南路、站西路和站东路，道路总长度约 6.23 千米；外围集散道路包括枢纽西进场路、凤凰路、公交保养基地联络道、枢纽东进场北路、枢纽东进场南路、钢化北路、龙西路、龙东路、坝王路、滩九路、田园大道、钢化路、开源路等，道路总长度约 33.6 千米。具体如表 3-8 所示。

表 3-8　配套道路建设规模

| 序号 | 道路 | 道路等级 | 长度（千米） | 红线宽度（米） | 车道规模 |
|---|---|---|---|---|---|
| 1 | 北环路 | 主干路 | 2.1 | 40 | 双向 6 车道 |
| 2 | 南环路 | 主干路 | 1.98 | 40 | 双向 6 车道 |
| 3 | 站东路 | 主干路 | 0.68 | 40 | 单向 6 车道 |
| 4 | 站西路 | 主干路 | 0.67 | 40 | 单向 6 车道 |
| 5 | 站北路 | 支路 | 0.44 | 24 | 双向 3 车道 |
| 6 | 站南路 | 支路 | 0.36 | 24 | 单向 3 车道 |
| 7 | 枢纽西进场路 | 主干路 | 7.13 | 40/50 | 双向 6、8 车道 |
| 8 | 枢纽东进场南路 | 主干路 | 3.53 | 40 | 双向 6 车道 |
| 9 | 枢纽东进场北路 | 主干路 | 3.87 | 40 | 双向 6 车道 |
| 10 | 公交保养基地联络道 | 次干路 | 0.77 | 35 | 双向 4 车道 |
| 11 | 龙东路 | 次干路 | 0.61 | 30 | 单向 3 车道 |
| 12 | 开源路 | 主干路 | 3.32 | 35 | 双向 4 车道 |
| 13 | 凤凰路 | 主干路 | 1.44 | 60 | 双向 8 车道 |
| 14 | 滩九路 | 主干路 | 0.90 | 35 | 双向 6 车道 |
| 15 | 坝王路 | 次干路 | 1.00 | 35 | 双向 4 车道 |
| 16 | 钢化路 | 主干路 | 1.71 | 35 | 双向 4 车道 |
| 17 | 钢化北路 | 主干路 | 1.27 | 35 | 双向 6 车道 |
| 18 | 龙西路 | 次干路 | 0.64 | 30 | 单向 3 车道 |
| 19 | 田园大道 | 次干路 | 7.41 | 20 | 单向 2 车道 |

### 2. 南、北广场站房车道边规模

通过交通测算，北广场送客层共需 4 处下客边[①]。考虑到未来北广场的主要服务对象是枢纽机动客车客流，再加上南广场车道边宽度受结构限制，计划车道边规模为 7 车道：1 组大车 3 车道（1 条落客车道 +2 条驶离车道）和 1 组小车 4 车道（2 条落客车道 +2 条驶离车道）。

南广场服务于部分枢纽客流以及公交客流，计划车道边规模为 6 车道：2 组 3 车道（每组 1 条落客车道 +2 条驶离车道），其中一组供公交车使用，另一组供小汽车和出租车使用。由于高铁站房结构的限制，只能设置 5 条车道，车道组成为 1 组大车 2 条车道（1 条落客车道 +1 条驶离车道）和 1 组小车 3 车道（1 条落客车道 +2 条驶离车道），并且将车道边和中央落客岛的长度延长至 300 米以上。远期在客流量较多时，亦可将公交车引导至高架落客平台。南、北广场车道边规模测算见表 3-9 和表 3-10。

表 3-9　北广场落客车道边规模测算

| | 出租车 | 小汽车 | 公交车 |
|---|---|---|---|
| 设计小时客流量（人次） | 2373 | 1460 | 1101 |
| 车辆平均载客量（人） | 15 | 15 | 30 |
| 设计小时车辆需求量（辆） | 1582 | 974 | 37 |
| 车道边占用时间（秒） | 60 | 40 | 300 |
| 每小时周转率（%） | 60 | 90 | 12 |
| 有效系数 | 0.9 | 0.9 | 0.9 |
| 下客点有效使用次数（次） | 54 | 81 | 10.8 |
| 下客点需求量（个） | 30 | 13 | 4 |
| 每车下客点车道边（米） | 8 | 8 | 18 |
| 需提供下客车道边（米） | 240 | 104 | 72 |
| 设计每车道车道边（米） | 215 | 215 | 215 |
| 需提供下客车道边（个） | 2 | 2 | 1 |

①下客边即路边供乘客下车的位置。

**表 3-10　南广场落客车道边规模测算**

| | 出租车 | 小汽车 | 公交车 |
|---|---|---|---|
| 设计小时客流量（人次） | 822 | 594 | 2265 |
| 车辆平均载客量（人） | 15 | 15 | 30 |
| 设计小时车辆需求量（辆） | 548 | 396 | 75 |
| 车道边占用时间（秒） | 60 | 40 | 300 |
| 每小时周转率（%） | 60 | 90 | 12 |
| 有效系数 | 0.9 | 0.9 | 0.9 |
| 下客点有效使用次数（次） | 54 | 81 | 10.8 |
| 下客点需求量（个） | 11 | 5 | 7 |
| 每车下客点车道边（米） | 8 | 8 | 18 |
| 需提供下客车道边（米） | 88 | 40 | 126 |
| 设计每车道车道边（米） | 350 | 350 | 350 |
| 需提供下车车道边（个） | 1 | 1 | 1 |

### 3. 出租车蓄发规模

出租车蓄发车区位于高铁站台下方的地下一层，即城市通廊两侧。站台下建筑面积为15972平方米，布设24个上客位、36个下客位，出租车蓄车场有1065个泊位。

### 4. 社会停车库规模

社会停车库分为北广场停车库和南广场停车库。北广场停车库共有地下两层，总建筑面积为67987平方米（含进出口匝道7676平方米），设机动车停车位1194个；南广场停车库共有地下两层，建筑面积为50681平方米，设机动车停车位710个。

### 5. 长途客运站规模

长途客运站为一级站，设发车位53个、蓄发车位12个，分为地面和地下两部分。地面站房建筑面积为8700平方米，雨棚面积为9198平方米，发车区场地面积为13800平方米；地下一层为换乘区，建筑面积为4369平方米。

### 6. 公交车站、BRT车站规模

9条常规公交线路位于南广场东端，3条BRT和2条公交专线位于南广场西端，场地位于配套附属用房地面层及高架落客平台之下。公交及BRT车站总建筑面积为10908平方米，公交车站及BRT配套管理用房面积共1124平方米。

北广场设置 4 条公交线路，位于北广场东侧、落客平台之下，公交办公面积共 391 平方米。

### 7. 配套附属用房规模

配套附属用房为地下一层和地上三层，总建筑面积为 54566 平方米。其中地下一层设计标高为 –11.5 米，设计层高为 5 米，建筑面积为 18086 平方米；地面层设计标高为 –6.5 米，设计层高为 6.5 米，建筑面积为 15540 平方米；夹层设计标高为 –3.5 米，建筑面积为 3610 平方米；二层设计标高为 ±0.0 米，设计层高为 5.0 米，建筑面积为 12340 平方米；三层设计标高为 5.0 米，设计层高为 5.0 米，建筑面积为 4889 平方米；四层设计标高为 10 米，建筑面积为 101 平方米。

### 8. 南、北广场规模

南广场是由南站房、站南路、站东路和站西路所围合的区域，占地面积约 5000 平方米；北广场是由站北路、长途汽车站、站西路和站东路所围合的区域，占地约 14000 平方米。

## 3.6.2 枢纽交通设施分层布局

### 1. 北广场

北广场地面为长途车站房和发车场，地下为长途汽车换乘区和北广场社会车库。

地面长途车站房设有售票厅、候车厅、车站办公区和设备用房等；地下长途汽车换乘区主要服务高铁、地铁换乘长途汽车的客流，设有自动售票和人工售票窗口。临近地下长途汽车换乘区北侧设有下沉广场，下沉广场设有直达地面的扶梯，同时配有疏散与自然采光通风系统，为地下换乘大厅创造良好的空间环境。

北广场社会停车库位于北广场地下一层和地下二层，地下一层车库围绕长途汽车换乘区布置，如图 3–27 至图 3–29 所示，高铁出站客流和长途客流均可通过换乘区实现与社会车辆的换乘。社会停车库可同时满足 1194 辆机动车的停放需求，其中新能源汽车停车位比例为 15%。

### 2. 南广场

公交与 BRT 主要布置在南广场的东西两侧，共设有 12 条常规公交线路（其中南广场有 9 条，北广场有 3 条），3 条 BRT 线路和 2 条专线公交线路。南广场公交和 BRT 通过扶梯直达地下换乘通道，可以最大限度地方便高铁出站客流和地铁换乘人流，实现无缝换乘的目的。

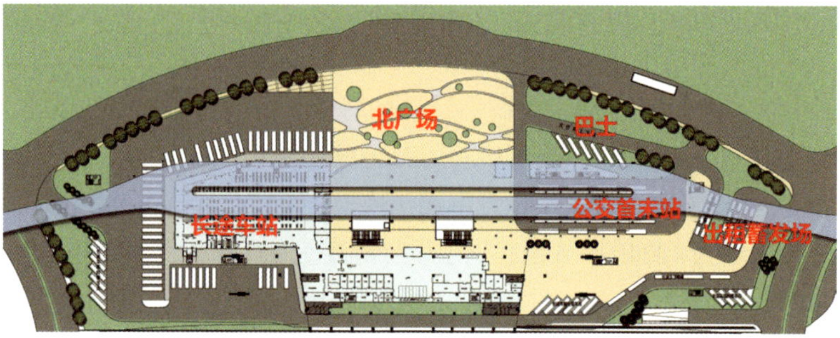


图 3-27　北广场平面布置图

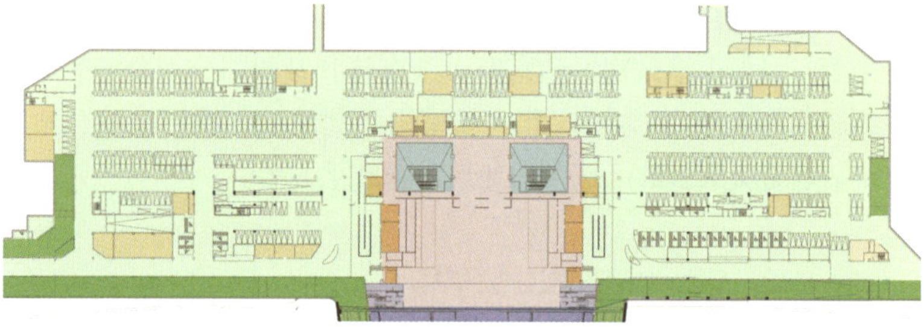

图 3-28　北广场地下一层平面图

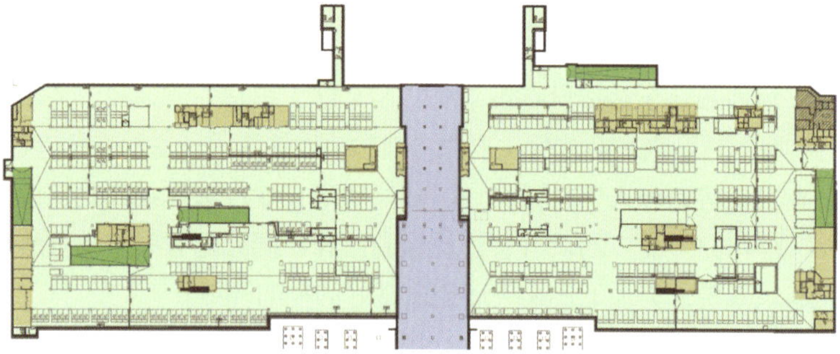

图 3-29　北广场地下二层平面图

配套附属用房主要位于高铁南站房东西两翼，局部位于地下一层。地面配套附属用房依据城市规划“五小原则”[①]，着力塑造紧凑集约又充满地方特色的开放街区和活力中心，突显低层高密度的

①五小原则即小马路、小地块、小绿地、小退界、小转角。

城市街坊规划思路：①利用建筑形体与空间，塑造出连续的轴线关系；②建筑轴线与景观轴线结合，以地铁站为核心，营造宜人的步行环境；③引入慢行系统等。

南广场社会车库位于南广场的地下一层和地下二层。地下一层车库围绕地铁站厅布置，以减少换乘距离，实现高铁、地铁、公交车及私家车等多种交通方式零换乘。南广场平面布置如图 3–30 至图 3–35 所示。

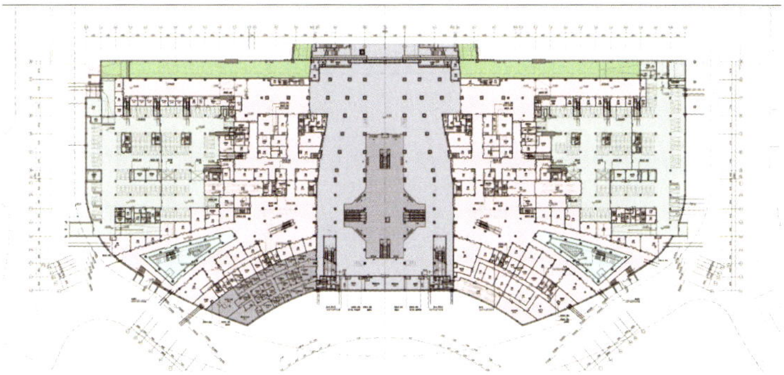

图 3–30　南广场地下一层平面图

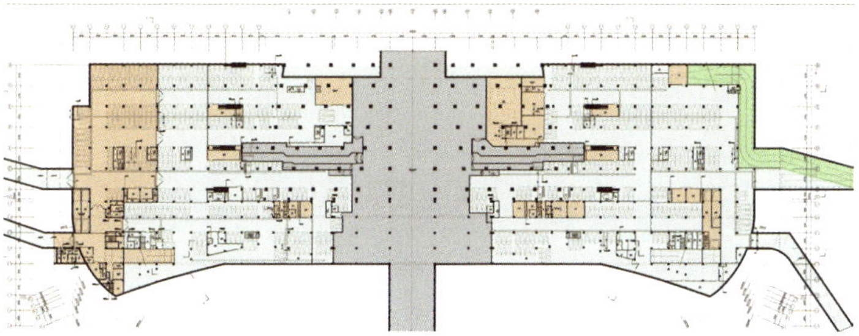

图 3–31　南广场地下二层平面图

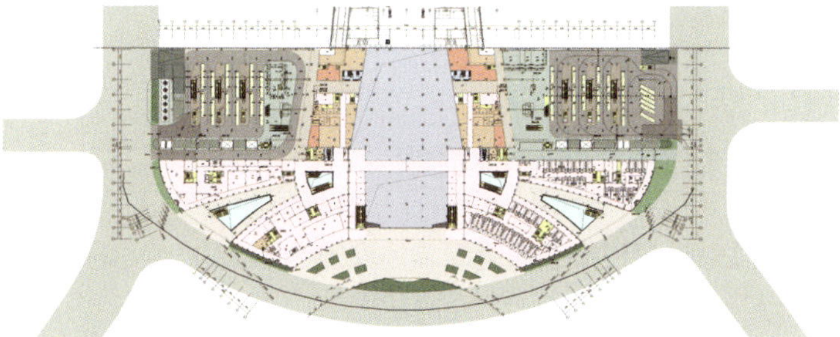

图 3–32　南广场地面层平面图

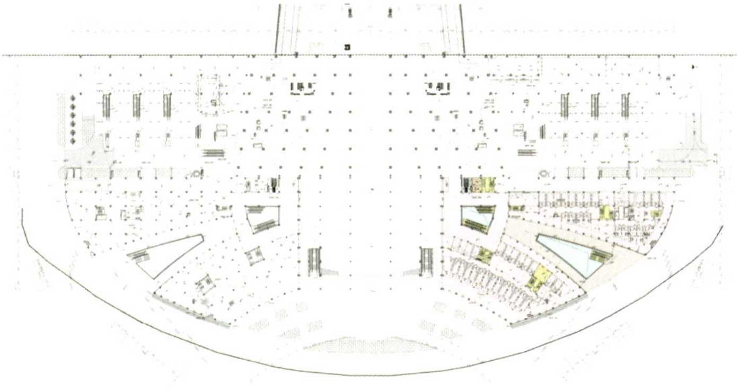

图 3-33　南广场配套酒店夹层平面图

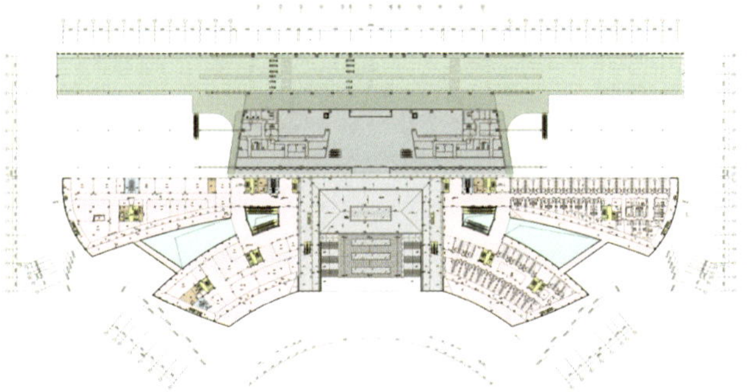

图 3-34　南广场配套附属用房地面二层平面图

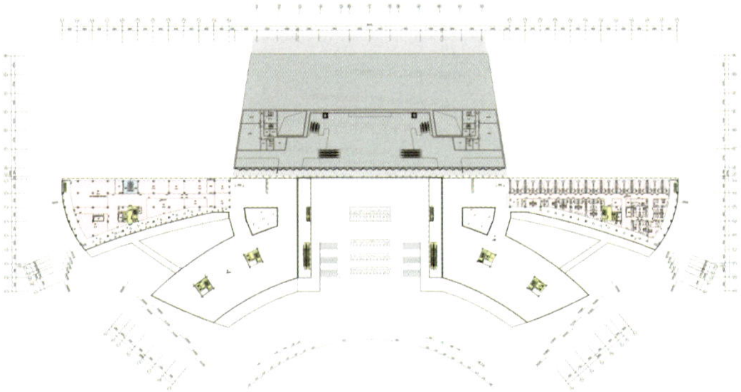

图 3-35　南广场配套附属用房地面三层平面图

## 3.7　枢纽内部交通组织

### 3.7.1　枢纽内部交通组织总体原则

在对南、北广场高架进行布局时，主要遵循以下思路和原则：

（1）快进快出：上下客车道边与外围快速路网相联系，这是实现枢纽快速集散的重要手段。

（2）立体集约：立体布设交通设施是提高交通运行效率、节省用地的有效途径。

（3）人车分离：分区组织进出站车流与人流，减少人车冲突，确保安全。

（4）高效环保：尽量缩短轨道、公交客流的换乘距离，实现公共交通疏散系统和站前疏散系统的相对分离。

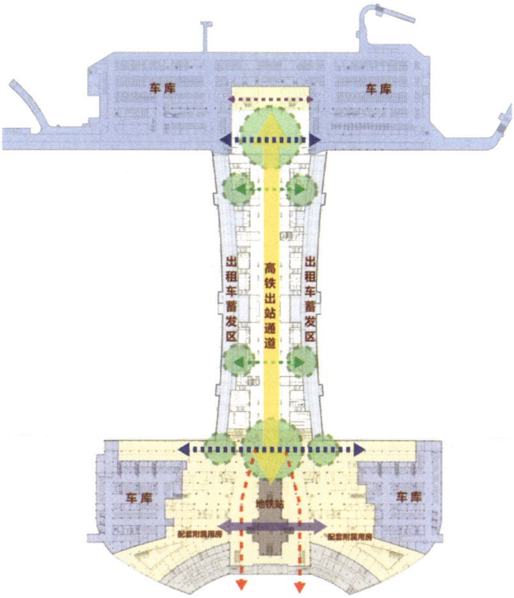


图 3-36　地下一层人行流线

## 3.7.2　枢纽内部交通流线组织

### 1. 地下一层人行流线

具体如图 3-36 所示。

### 2. 进站人行流线

根据《关于打造现代综合客运枢纽 提高旅客出行质量效率的实施意见》，综合客运枢纽宜采用同台或立体换乘方式，换乘时间一般不超过 3 分钟；水平换乘距离超过 300 米的换乘通道，宜设置自动人行道（见图 3-37 和表 3-11）。

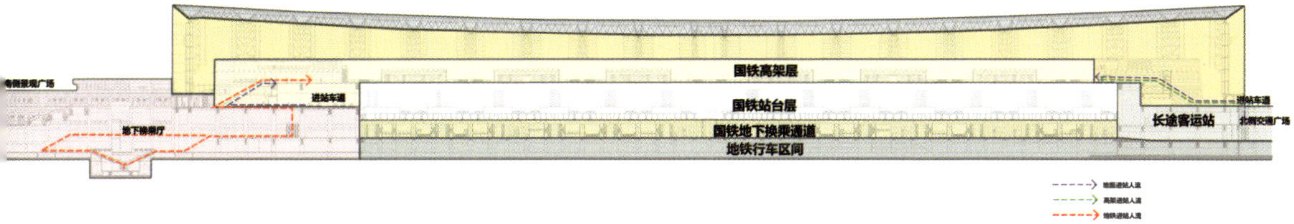


图 3-37　进站人行流线

### 表 3–11　各进站换乘类型的换乘距离与时间

| 换乘类型 | 换乘距离（米） | 换乘时间（分钟） |
|---|---|---|
| 轨道—火车进站 | 138 | 1.4 |
| 长途车—火车进站 | 298 | 3 |
| 公交 /BRT—火车进站 | 90 | 0.9 |
| 出租车—火车进站 | 0 | 0 |
| 社会车辆（送客）—火车进站 | 0 | 0 |
| 社会车辆（北车库）—火车进站 | 230 | 2.3 |
| 社会车辆（南车库）—火车进站 | 192 | 1.9 |

## 3. 出站人行流线

具体如图 3–38 和表 3–12 所示。

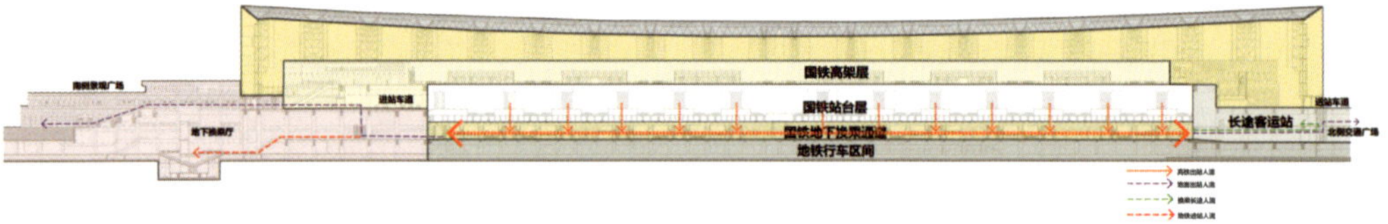


图 3–38　出站人行流线

### 表 3–12　各出站换乘工具的换乘距离与时间

| 换乘类型 | 最近点换乘距离（米） | 最近点换乘时间（分钟） | 最远点换乘距离（米） | 最远点换乘时间（分钟） | 平均换乘距离（米） | 平均换乘时间（分钟） |
|---|---|---|---|---|---|---|
| 火车出站—轨道 | 48 | 0.5 | 320 | 3.2 | 188 | 1.9 |
| 火车出站—长途车 | 205 | 2.1 | 484 | 4.8 | 345 | 3.5 |
| 火车出站—公交 /BRT | 111 | 1.2 | 390 | 3.9 | 251 | 2.5 |
| 火车出站—出租车 | 60 | 0.6 | 188 | 1.9 | 154 | 1.5 |
| 火车出站—社会车辆（北车库） | 76 | 0.8 | 272 | 2.7 | 189 | 1.9 |
| 火车出站—社会车辆（南车库） | 90 | 0.9 | 247 | 2.5 | 186 | 1.9 |

### 4. 北广场长途汽车进出站流线

长途车落客点北侧设置公交首末站，方便接驳至南广场，如图 3–39 和图 3–40 所示。长途汽车换乘距离与时间如表 3–13 所示。

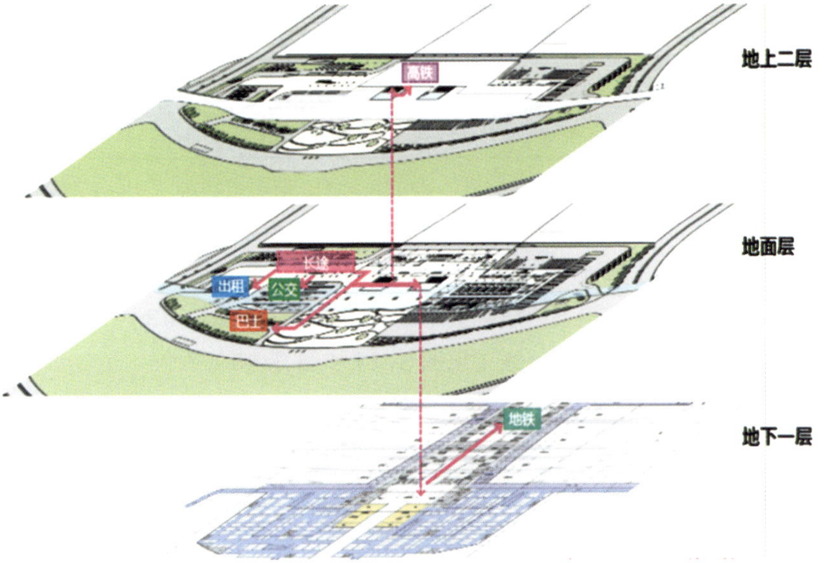


图 3–39　北广场长途出站流线

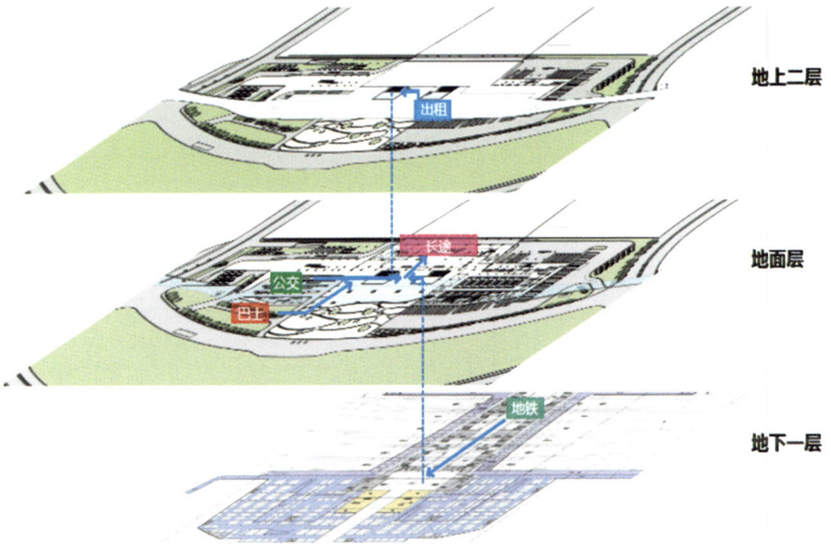


图 3–40　北广场长途进站流线

表 3-13　长途汽车换乘距离与时间

| 换乘类型 | 换乘距离（米） | 换乘时间(分钟） |
|---|---|---|
| 轨道—长途进站 | 514 | 5.1 |
| 火车—长途进站 | 210 | 2.1 |
| 公交车—长途进站 | 140 | 1.4 |
| 出租车—长途进站 | 69 | 0.7 |
| 社会车辆（送客）—长途进站 | 69 | 0.7 |
| 社会车辆（北车库）—长途进站 | 189 | 1.9 |

5. 北车库地下一层社会车进出库流线（见图 3-41）
6. 北车库地下二层社会车进出库流线（见图 3-42）
7. 南车库地下一层社会车进出库流线（见图 3-43）
8. 出租车进出流线（见图 3-44 和图 3-45）

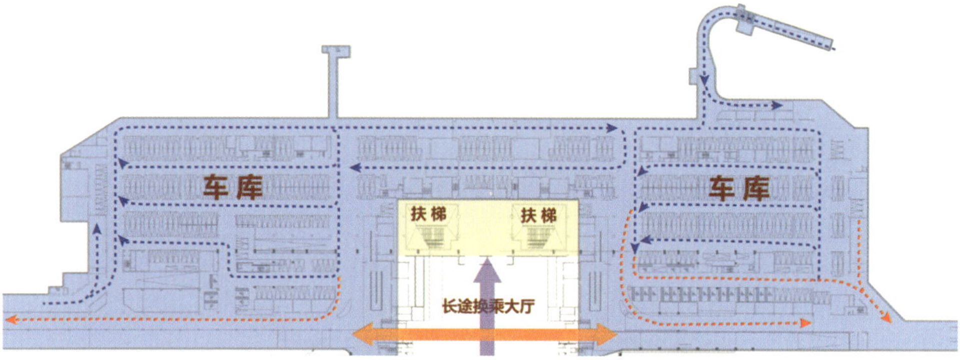


图 3-41　北车库地下一层社会车进出库流线

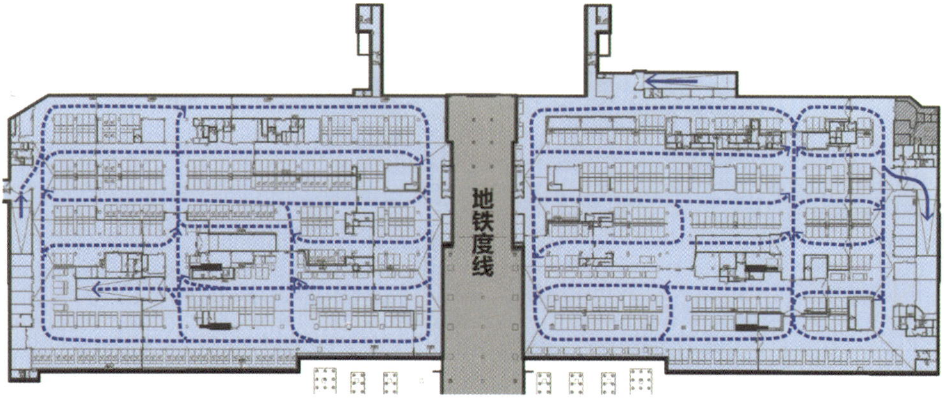


图 3-42　北车库地下二层社会车进出库流线

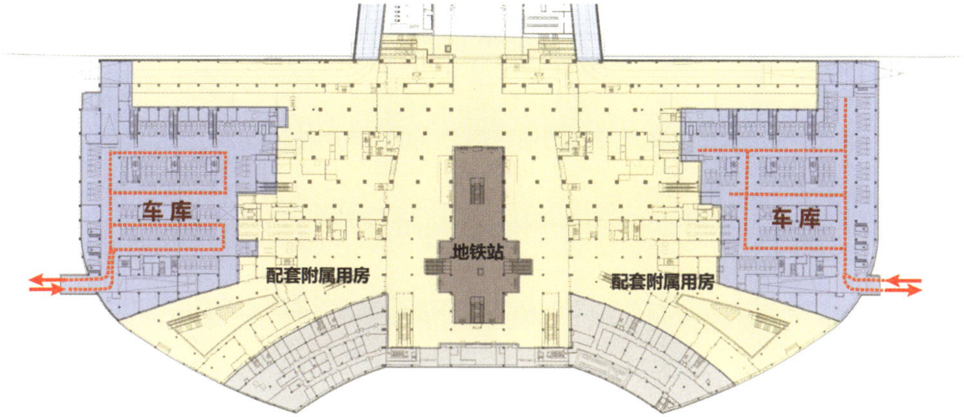


图 3-43　南车库地下一层社会车进出库流线

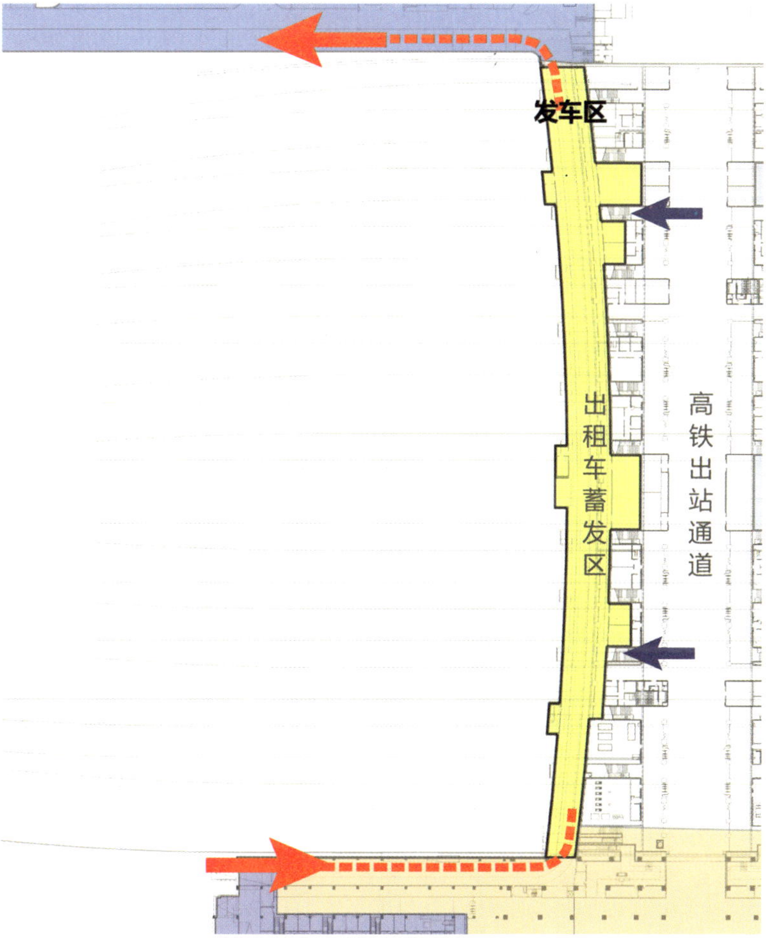


图 3-44　出租车进出流线（西侧）

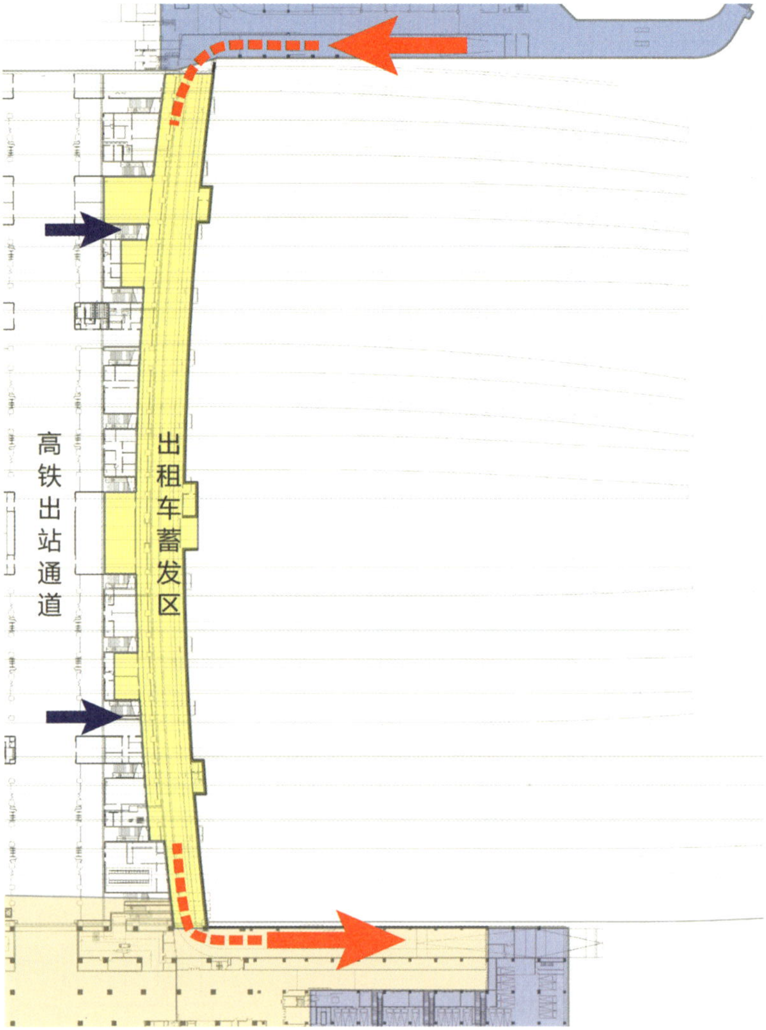


图 3-45　出租车进出流线（东侧）





### 3.7.3　远期枢纽到发交通流线组织

1. 社会车辆流线（见图 3-46 和图 3-47）
2. 出租车流线（见图 3-48 和图 3-49）
3. 公交车流线（见图 3-50 至图 3-52）
4. BRT 流线（见图 3-53）

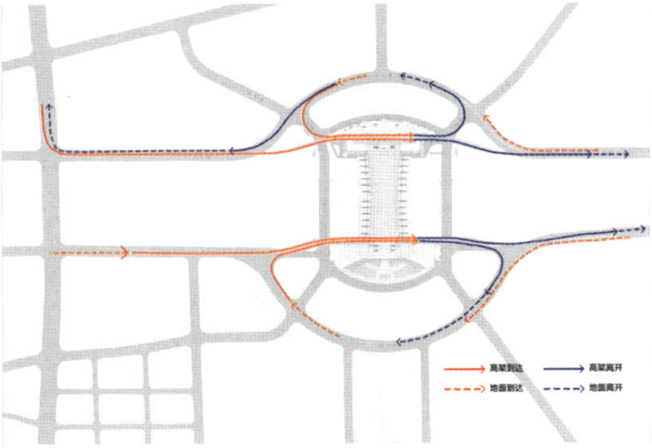


图 3-46　送客后直接离开

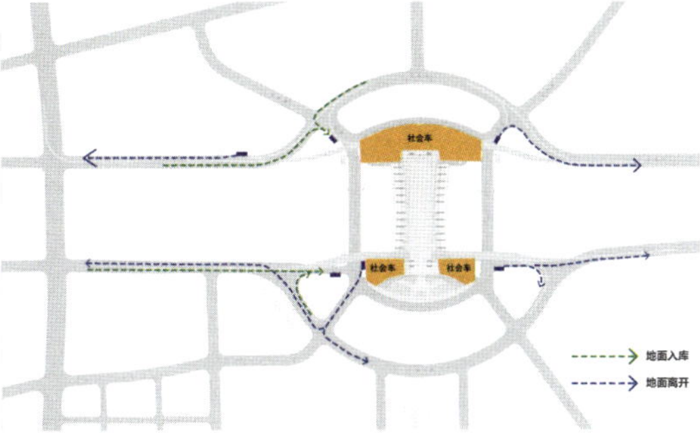


图 3-47　入库后离开

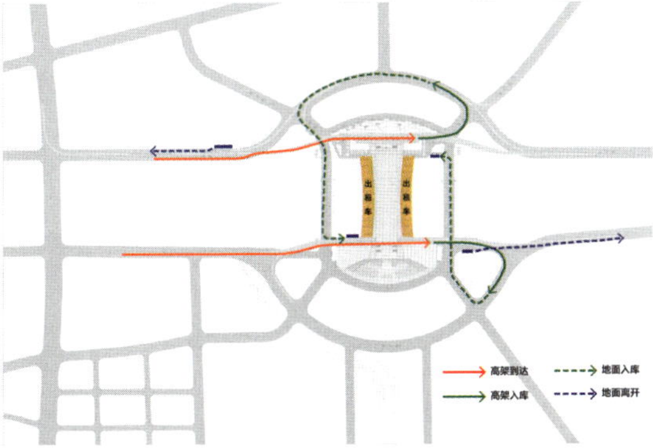


图 3-48　送客后先进入蓄车场，接客后再离开

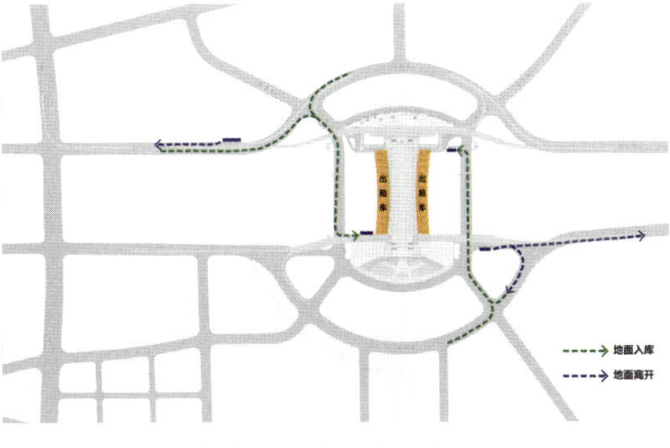


图 3-49　直接进入蓄车场，接客后再离开

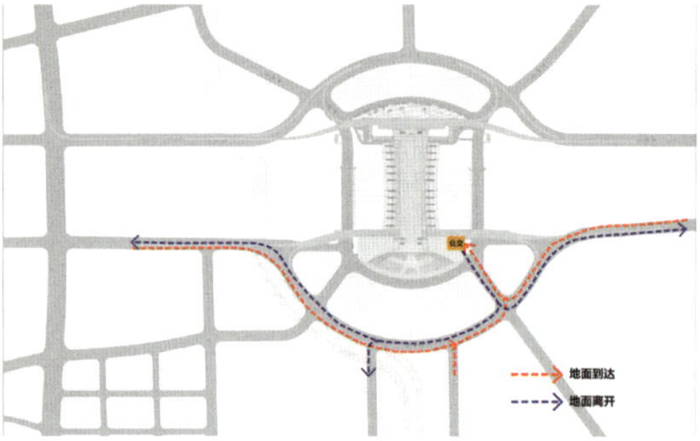


图 3-50　南广场方向公交

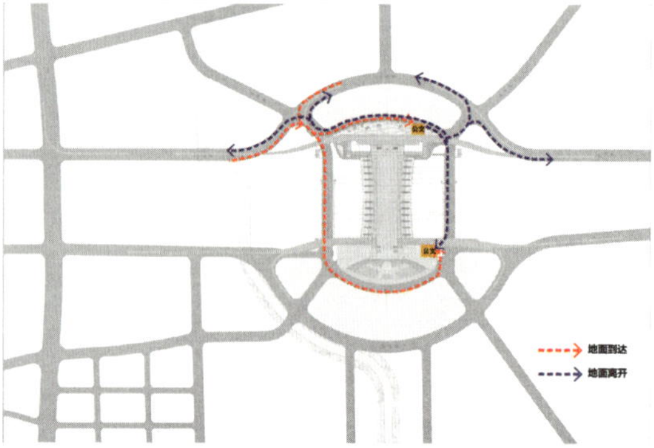


图 3-51　北广场方向公交

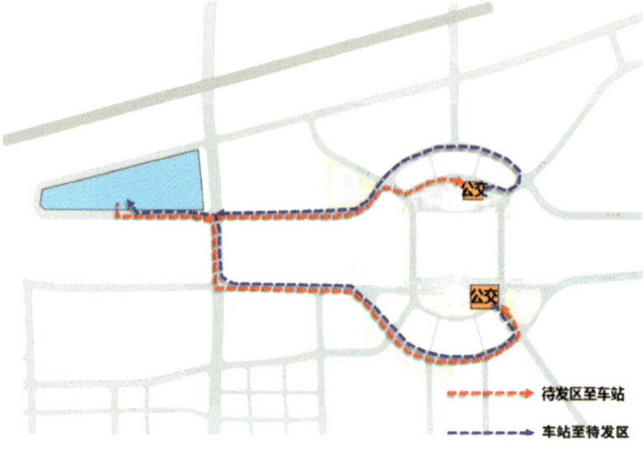


图 3-52　与公交停车待发区联系

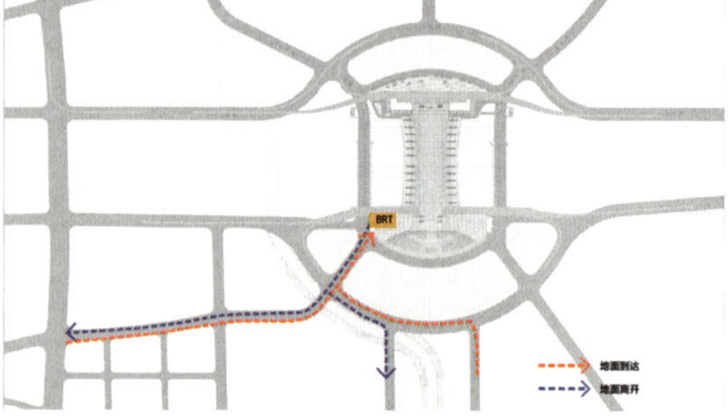


图 3-53　BRT 流线

### 5. 长途车流线

来自城市外围的长途车主要利用机场路、站北路进出枢纽；来自周边县市的长途车主要利用济青京福高速联络线、凤凰路、站北路进出枢纽。长途车流线如图 3–54 至图 3–57 所示。

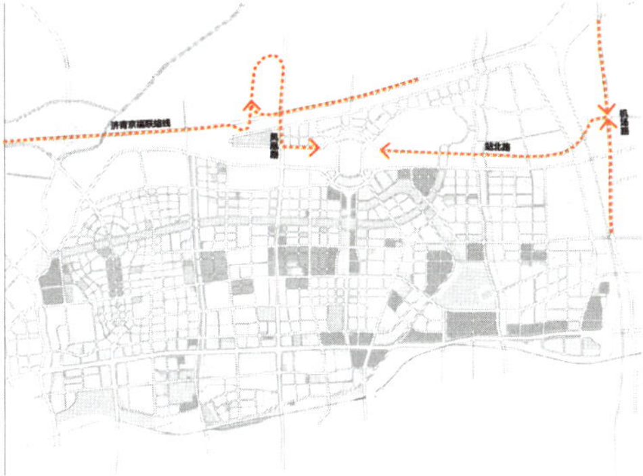

图 3–54　长途车到达流线

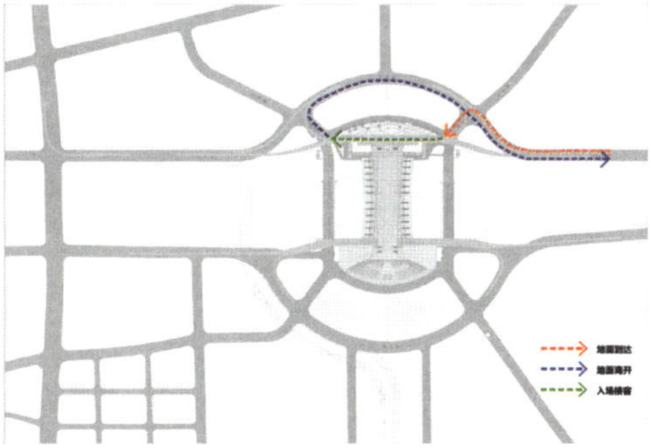

图 3–55　北广场—机场路流线

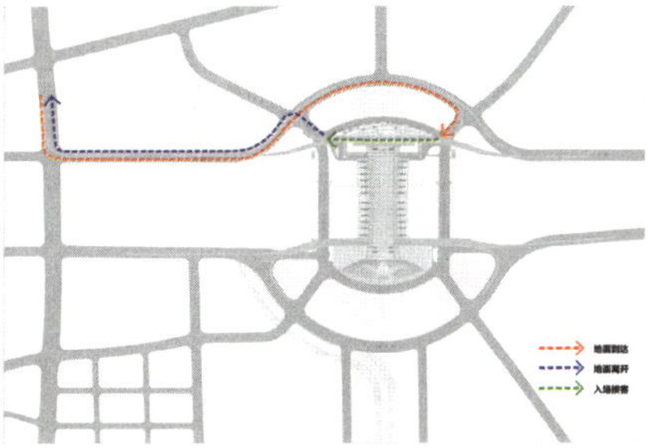

图 3–56　北广场—济青高速流线

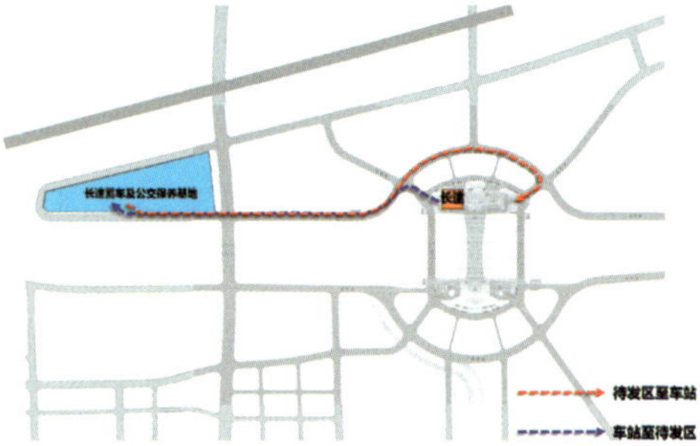


图 3–57　北广场与长途停车待发区联系

### 3.7.4 近期（2025 年前）枢纽到发交通流线组织

2018 年年底，济青高铁、石济客专通车，济南东站正式启用，日通过量达 20~30 对列车。济莱城际、济滨城际、黄台联络线尚在建设中。到 2025 年，日通过列车将达 161 对，高峰小时发送量将为 3534 人。

#### 1. 公共交通组织

目前，服务济南东站的公交线路共 4 条，实现了多层级枢纽衔接。公共交通线路方案如图 3–58 所示。

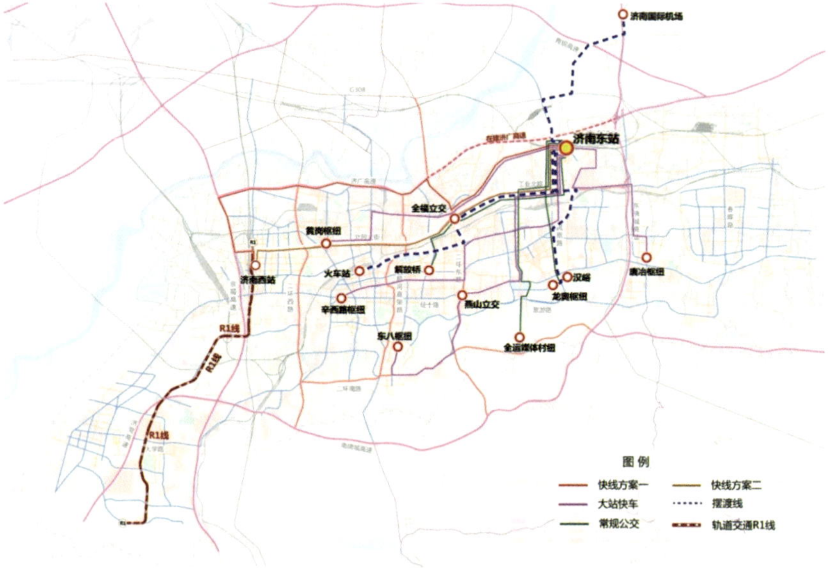


图 3–58 公共交通线路方案（2025 年前）

快线：增加济南西站—济南东站公交点对点快线。

摆渡线：3 条，分别至火车站、机场、龙奥枢纽。

大站快车： 4 条，分别至辛西路、东八、黄岗、唐冶枢纽。

常规公交：提升 1 条（全运媒体村—济南东站）；适时启动 2 条，分别至汉峪片区、解放桥北。

在济南东站西侧的长途蓄车区及公交保养基地范围内，规划布置 600 平方米的办公区域、1 条维修车沟、150 个公交停车位、25 个充电桩以及 1 个洗车机。在南广场的西侧公交场站内，规划 9 条公交线路，具体见表 3–14。公共交通组织如图 3–59 所示。

表 3-14　南广场近期公交线路

| 公交车衔接设施 | 设施预测规模 | 设施实际规模 |
| --- | --- | --- |
| 公交线路（条） | 4 | 1 条直达快线，3 条摆渡线，<br>4 条大站快车线，1 条常规公交线 |
| 上 / 下客位（个） | 4/1 | 10/5 |
| 蓄车位（个） | 4 | 10 |

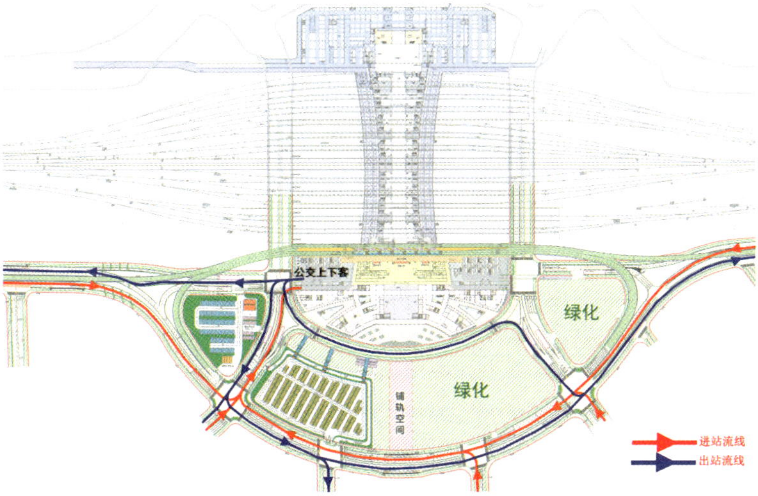


图 3-59　近期公共交通组织方案

### 2. 机动车交通组织

机动车交通线路按照高峰多路径、平峰快捷的总体思路进行组织；社会车辆主要在南广场通行。交通组织如图 3-60 和图 3-61 所示，社会车辆设施规模见表 3-15。

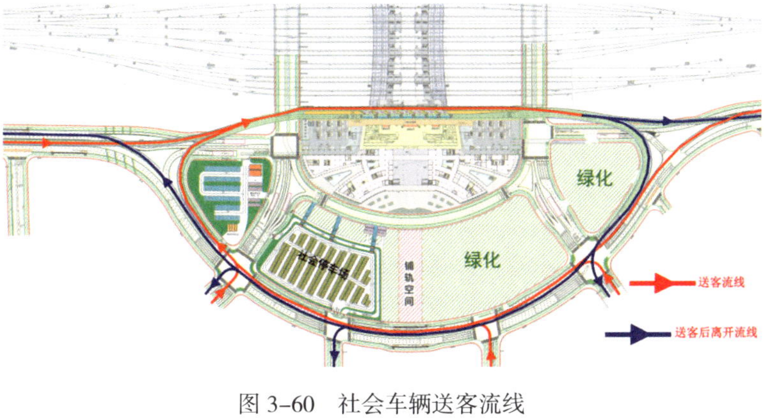


图 3-60　社会车辆送客流线

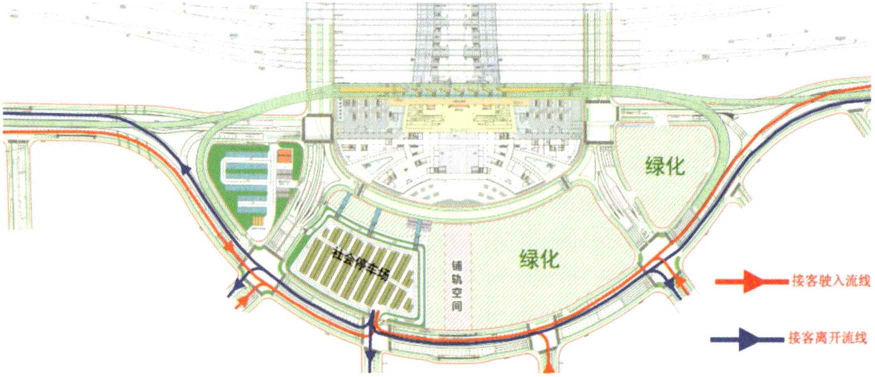


图 3-61　社会车辆接客流线

表 3-15　社会车辆需求及设施规模

| 社会车辆衔接设施 | 设施预测规模 | 设施实际规模 |
|---|---|---|
| 二层平台落客区 | 7 个车位 | 1 条车道边 |
| 社会停车场泊位（个） | 300 | 570 |

### 3. 出租车交通组织

具体见表 3-16 及图 3-62。

表 3-16　出租车需求及设施规模

| 出租车衔接设施 | 设施预测规模 | 设施实际规模 |
|---|---|---|
| 二层落客平台 | 6 个下客位 | 1 条车道边 |
| 上客位（个） | 6 | 12 |
| 蓄车位（个） | 80 | 地下一层出租车配双车道通道：30 个车位；<br>地面临时蓄车区：50 个车位 |

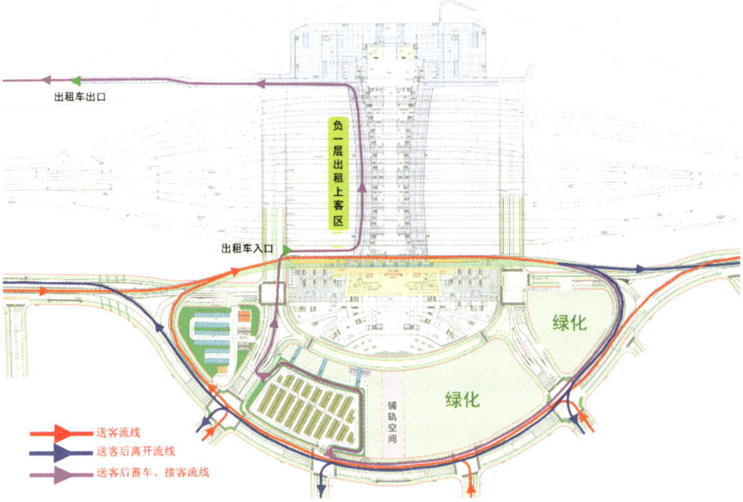


图 3-62　出租车交通组织示意图

### 4. 标识布置方案

近期，将工业北路打造成为高快集散通道；远期，利用济广高速、凤凰立交进行高快集散，标牌 9、10、11、12、13、14、15、16、17、18、23、24 作为临时标牌（见图 3-63）。

图 3-63　标识布置图

### 3.7.5 慢行交通流线组织

根据交通需求预测，南、北广场共需布置 2000 个自行车泊位，设计方案中共规划 4 处自行车停车场，其中停车场 1、2 均布置 400 个泊位，停车场 3 布置 815 个，停车场 4 布置 875 个，合计 2490 个泊位，满足停车需求。具体如图 3–64 所示。

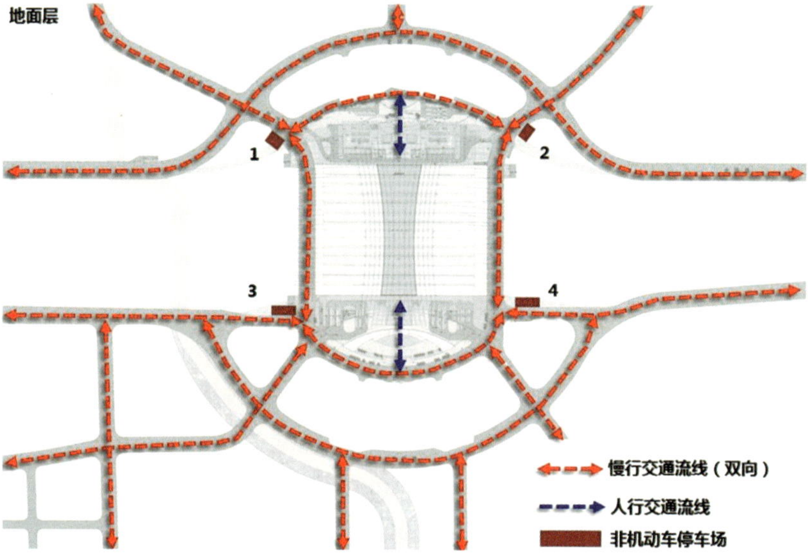


图 3–64　慢行交通流线组织

第4章

# 济南东站枢纽站房设计方案


4.1 济南东站枢纽站房项目概况

4.1.1 济南东站总体平面布局

4.1.2 城市交通引入情况

4.2 建筑方案设计

4.2.1 设计概念

4.2.2 效果展示

4.2.3 设计方案


## 4.1 济南东站枢纽站房项目概况

### 4.1.1 济南东站总体平面布局

济南东站工程包括济青工程、石济工程、预留城际工程（济滨、济莱）、联络线工程、地铁工程（R3线、预留M1线）、进站高架车道、公交车场、长途车场以及地下出租车场、社会车停车场、人行景观广场等市政配套工程。总平面布局如图4–1所示，功能布局如图4–2所示。

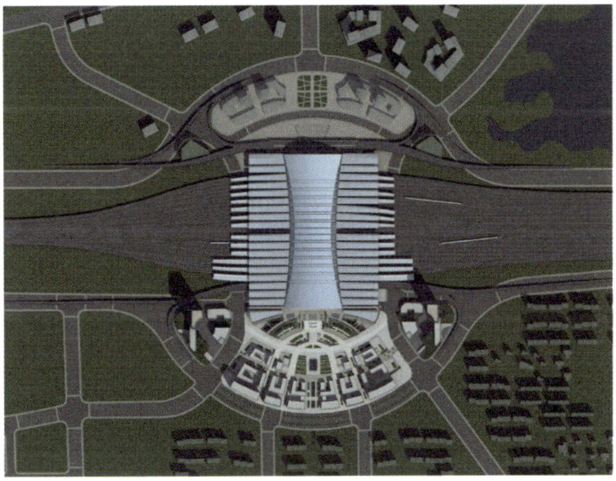

图4–1 总平面布局

站场规模按照13（站）台、27线方案进行设计，其中石济、济青工程8（站）台、17线（含正线），济南站至济青高铁联络线工程1（站）台、2线，济滨、济莱城际工程4（站）台、8线（含正线）。

石济车场站台长度按照 550 米设置，其他车场的站台长度按 450 米设置，基本站台宽度是 14.75 米，岛式中间站台宽度是 12.0 米。

根据济南市要求，将南广场定义为以集散为主的城市景观广场，北广场为功能性交通广场，部分交通设施集中设置在广场两侧。南侧站房与两侧枢纽综合体工程相互融合，形成整体建筑空间造型。南、北广场设置如图 4–3 所示。

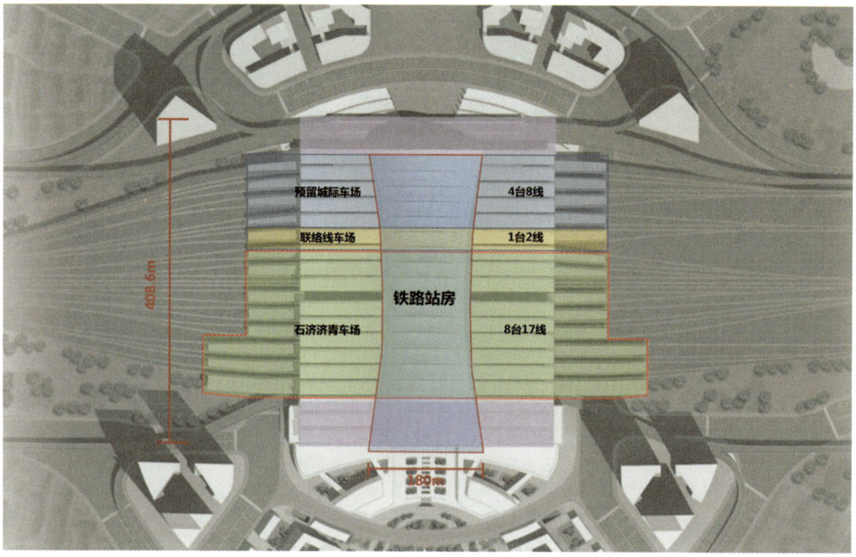


图 4–2　总体功能布局

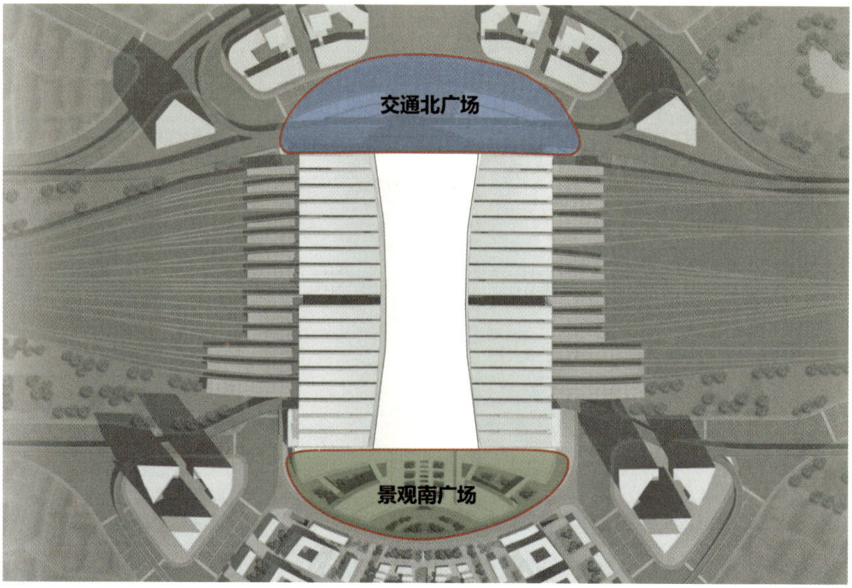


图 4–3　南、北广场设置

### 4.1.2 城市交通引入情况

**1. 城市地铁引入枢纽**

济南市中心城区范围内，共规划有 8 条地铁线。其中，一期规划的地铁 R3 线、二期规划的地铁 M1 线经过济南东站。地铁 R3 线在济南东站车场正方南北向通过，地铁 M1 线于南广场下方与 R3 线十字换乘，与铁路车站形成地下换乘枢纽。地铁引入枢纽如图 4-4 所示。

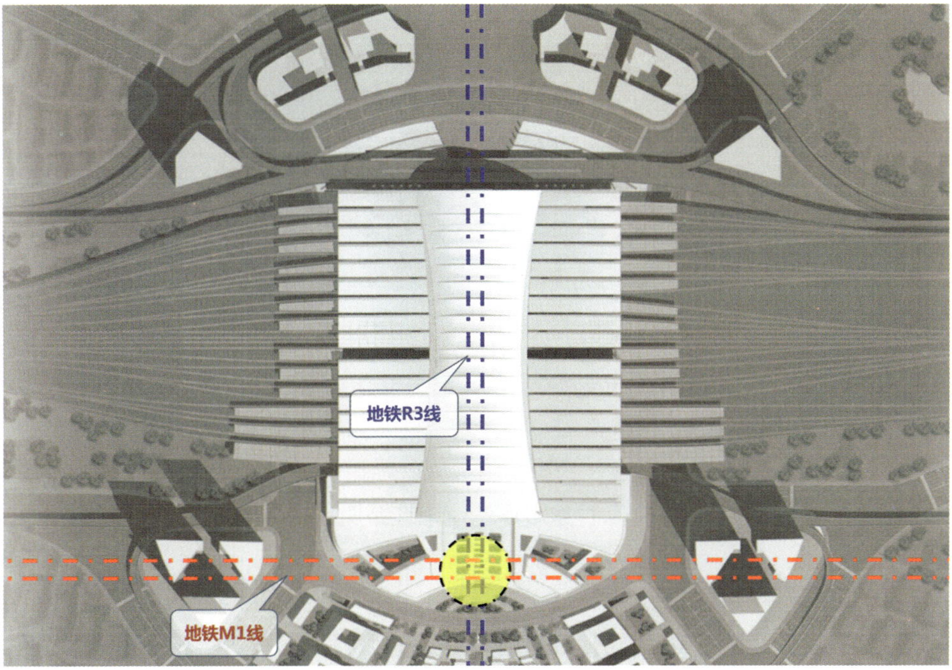


图 4-4 地铁引入枢纽

**2. 站房前进站高架桥**

站台距地面约 6.5 米，车站的模式为上进下出。南、北站房前面设进站高架桥，进站的出租车与社会车辆可以直接把旅客送到站台层。为保证站房与城市广场的连贯性，将南侧进站高架桥设置在侧式站房与基本站台之间，如图 4-5 所示。

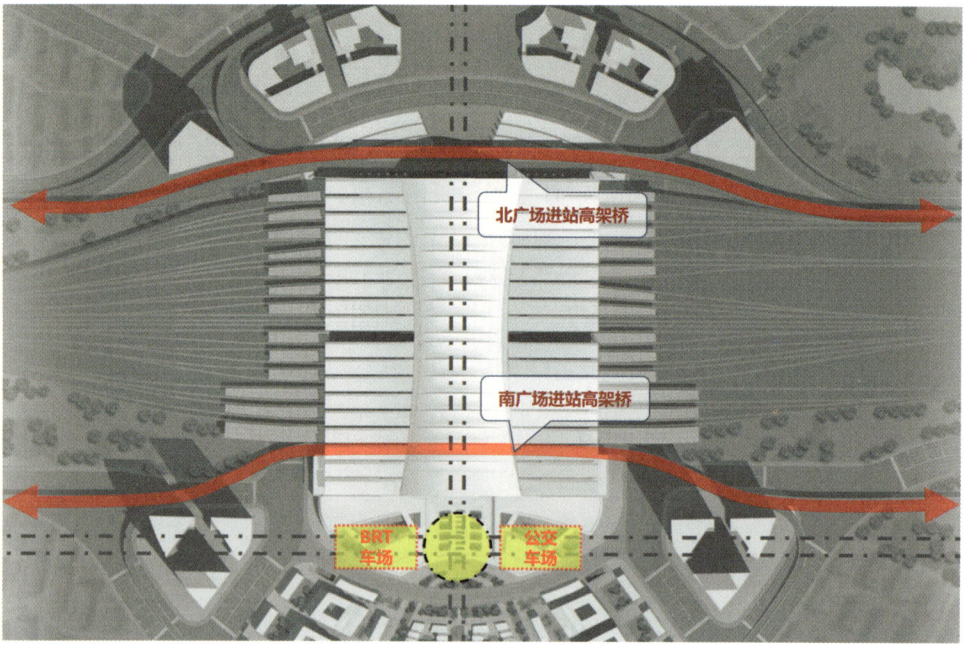


图 4–5　站房前高架桥

3. 长途汽车场站

为方便济南周边乘客到济南东站乘车，结合车站的设计布局，在北广场设置长途汽车站，为旅客提供更多的换乘选择。规划运营线路共 16 条。长途客运站位于铁路侧式站房下方，如图 4–6 所示。

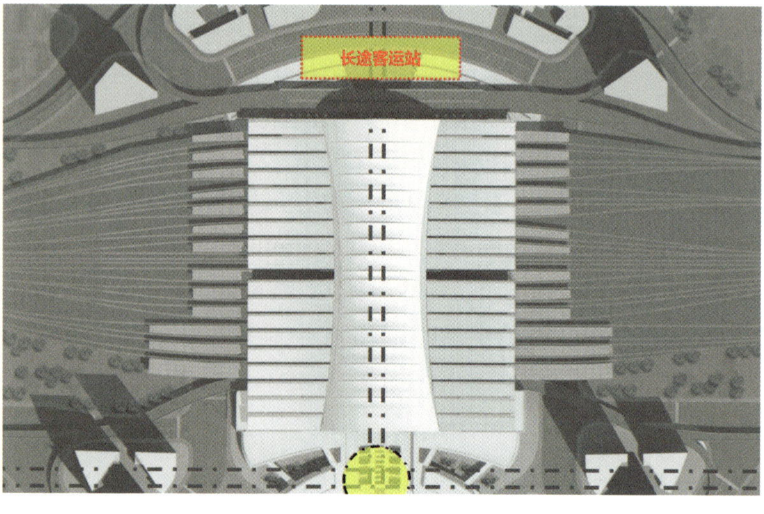


图 4–6　长途汽车场站

### 4. 地下出租车、社会车停车场工程

结合铁路地下出站通道，为出站旅客配备出租车蓄车场；结合南、北广场地下空间，配备社会车停车场。

## 4.2 建筑方案设计

### 4.2.1 设计概念

#### 1. 日出东方

济南东站位于济南东侧，以日出造型象征着济南人民不断进取的时代精神，如图 4–7 所示。

#### 2. 波澜壮阔

舒展的建筑体型及序列性构图烘托出波澜壮阔的建筑场景，也象征着济南人民博大的胸怀、远大的志向。环抱的建筑形态体现了济南的开放与包容，如图 4–8 所示。

#### 3. 山泉融合

通过模拟喷涌的泉水展现泉城意象，抽象“山”字寓意“山东”的主题，如图 4–9 所示。

图 4–7　日出东方

图 4–8　波澜壮阔

图 4-9　山泉融合

### 4.2.2　效果展示

济南东站站房主体、商业裙房与景观广场相互作用，构成围合式的景观广场，为整个枢纽创造了一处供旅客与市民共同使用的“城市花园客厅”。南广场与北广场通过站房连成一个连续的空间。商业裙房建筑上方有一个双曲拱形屋顶，凭借 100 ~ 160 米宽、408.6 米长的巨大尺度覆盖了桥梁一般的站房空间。双曲面状钢结构拱顶使其成为济南市新的地标式建筑。优雅的双曲拱形与现代的工程技术相结合，明确表达了济南东站的功能——一座通往未来的现代化火车站，效果图如图 4-10 至图 4-19 所示。

图 4-10　南广场视图（昼）

图 4-11　南广场视图（夜）

图 4-12　出租车通道效果图

图 4-13　南广场换乘大厅效果图

图 4-14　南广场商业广场中庭效果图

图 4-15　北广场长途售票大厅效果图

图 4-16　北广场长途候车厅效果图

图 4-17　高架候车厅效果图一

图 4-18　高架候车厅效果图二

图 4-19　高铁出站厅透视图

### 4.2.3　设计方案

地下一层主要由中央站房地下出站通道（兼作城市过境通廊）、出租车道及上客平台（济青工程代建范围）组成，为地下主通道层，柱跨 24 米，连通广场南北。出站厅两侧设置办公区、设备用房、卫生间等辅助房间。地下出站通道北接北广场地下综合换乘中心，可换乘社会车及长途车；南接南广场地下换乘大厅，可换乘地铁 M1、R3 线以及公交车（BRT）、社会车。

济南东站站房南北全长 408.60 米（轴线距离），南北山墙宽约 180 米，高架站房最窄处宽约 100 米。候车大厅由中间候车大厅、两侧卫生间等辅助房间以及贵宾厅、旅客服务用房（含商业开发）组成。南北端扶梯至高架层后设安检设施。

地下及高架层设置如图 4-20 至图 4-29 所示。

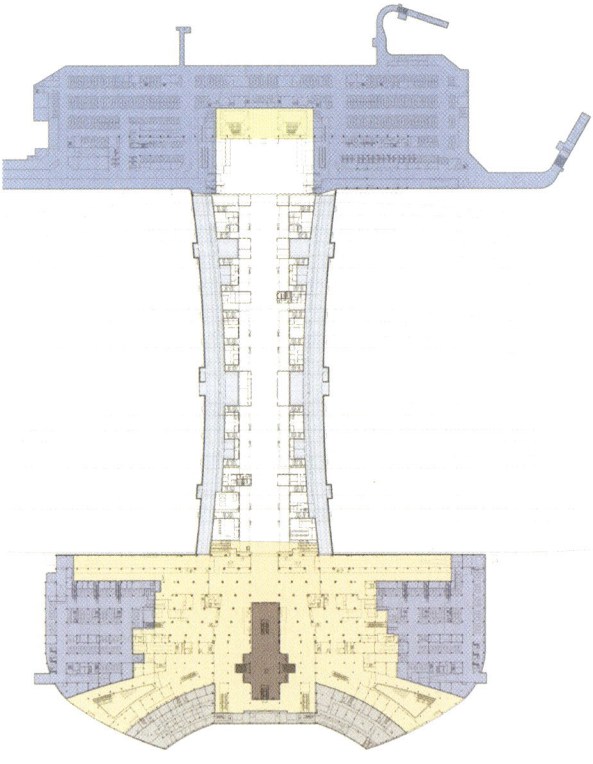

图 4-20　地下一层布置图

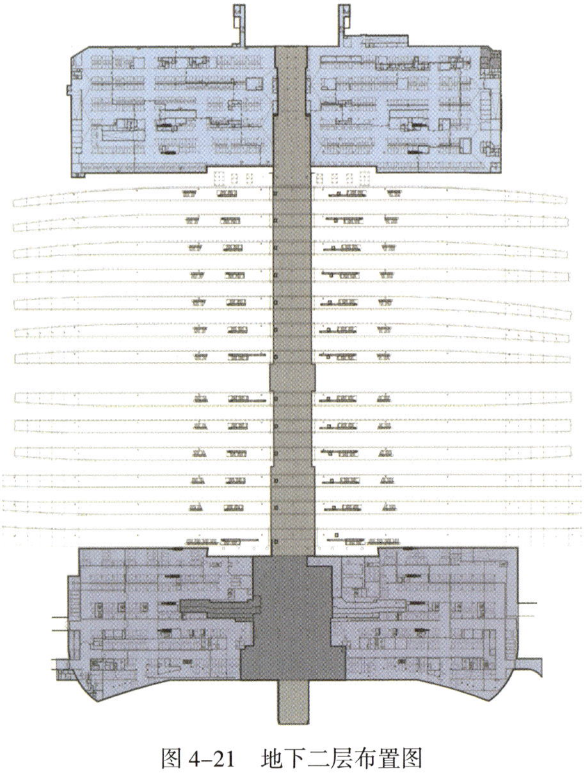

图 4-21　地下二层布置图

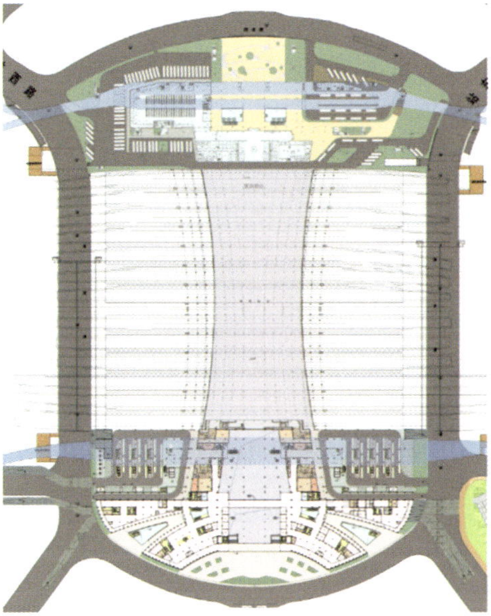

图 4–22　站台层布置图

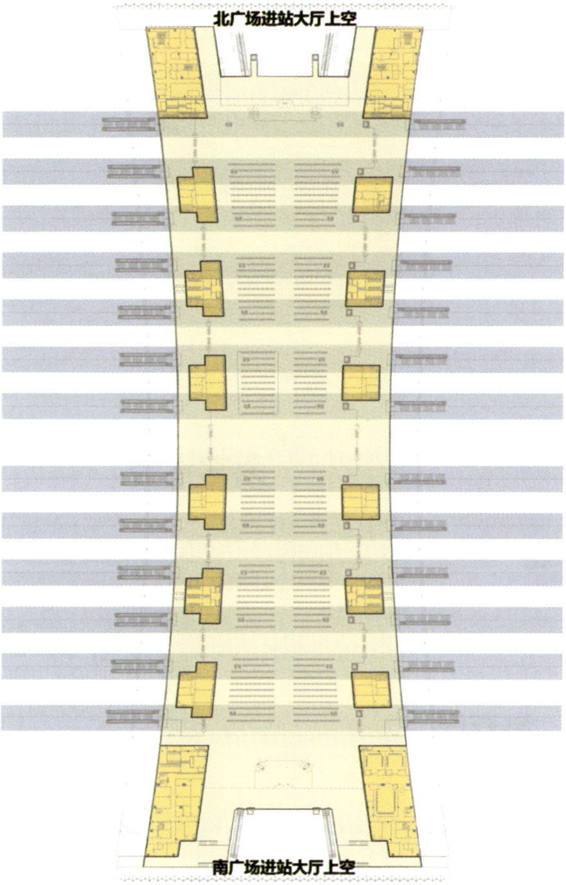


图 4–23　高架层布置图

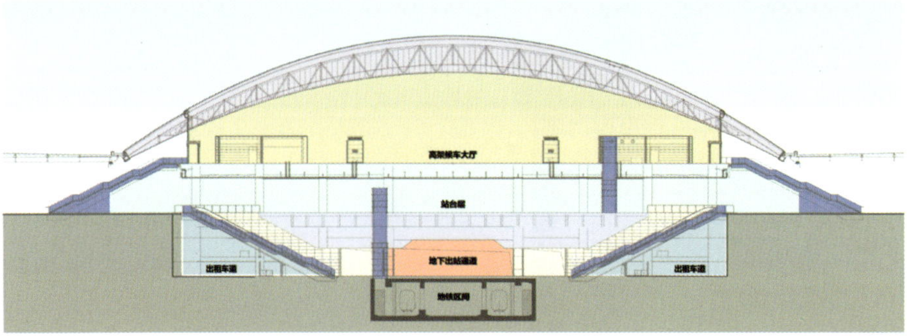


图 4–24　站房剖面图一

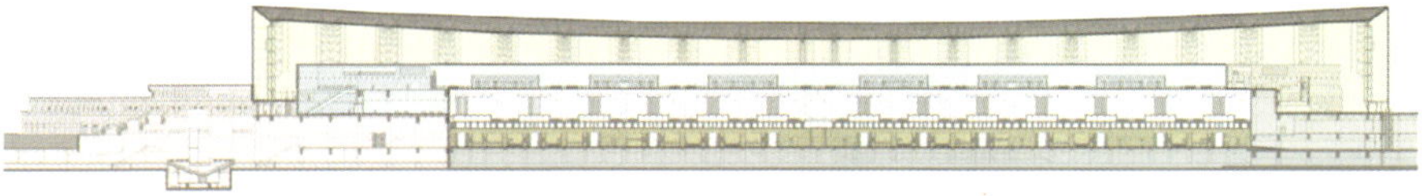

图 4–25　站房剖面图二

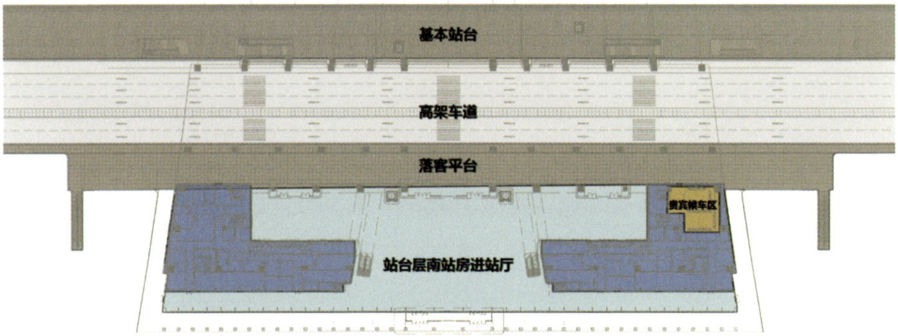


图 4–26　站台层布局示意图（贵宾厅位置）

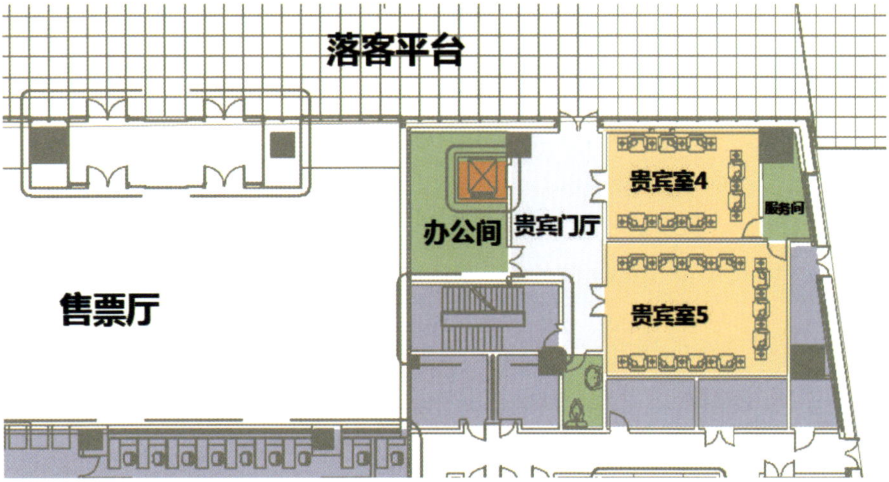


图 4–27　站台层局部放大图

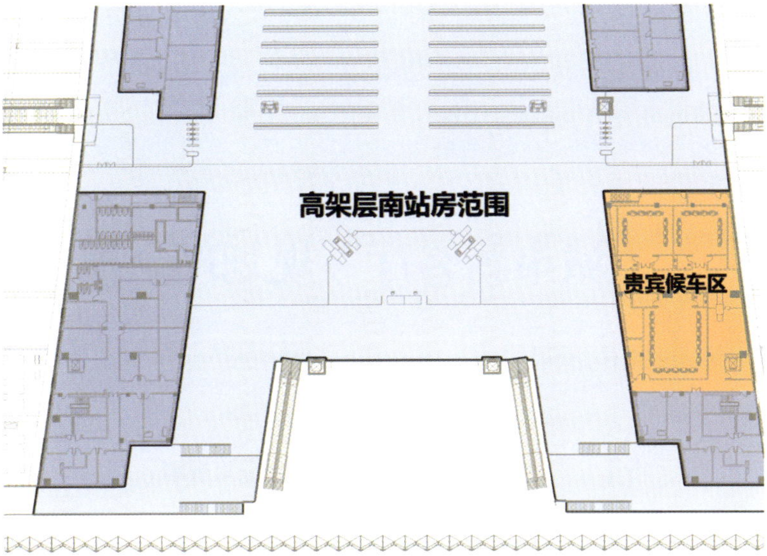


图 4-28　高架层布局示意图

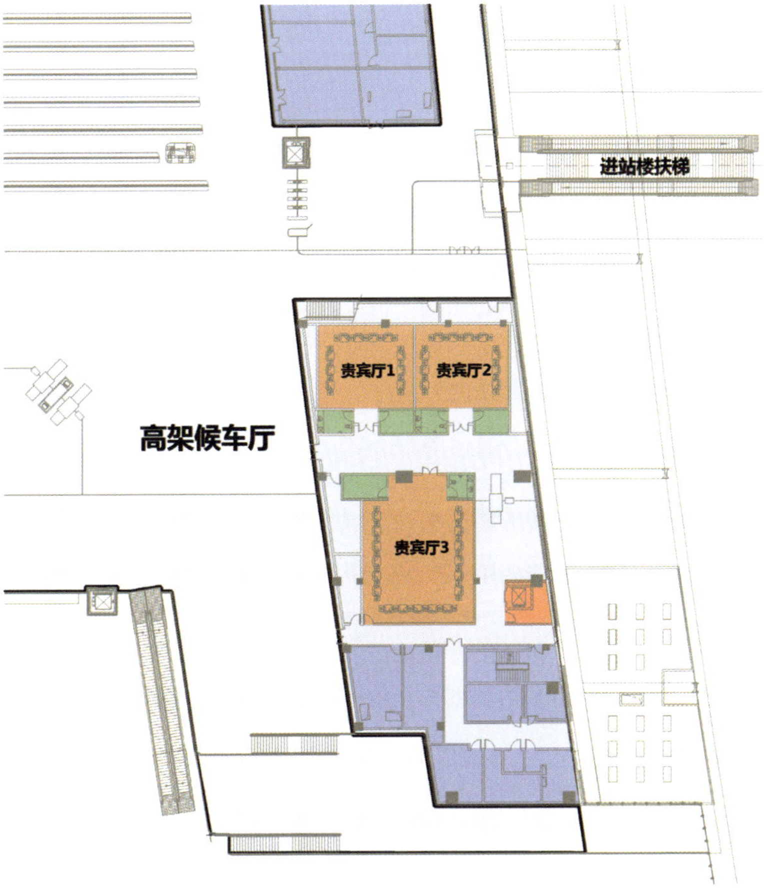


图 4-29　高架层局部放大图

# 第5章

# "城市新客厅"规划理念探索与实践

5.1 "城市客厅"的城市功能性空间规划

5.2 "城市客厅"实践——南广场规划设计

5.2.1 城市功能空间设计思路

5.2.2 设计理念

5.2.3 南广场设计成果

所谓"城市客厅"，通常是把一座城市的文化、发展历程和对未来的瞻望等进行集中体现的一种人文景观，而城市的中心广场往往能恰如其分地表现这个主题。因此，广场也就成了"城市客厅"的标志和象征。比如，济南的泉城广场充满了浓郁的泉城特色，是济南市最著名的"城市客厅"，既是济南的一张靓丽"名片"，也是市民休闲娱乐的好去处。

济南东站综合交通枢纽在设计之初即被赋予服务交通和服务城市的双重属性，致力于成为济南东部新城的新中心。

铁路线在济南东站区域呈东西走向，将枢纽区分为南北两个部分，形成南北两个广场。枢纽南部面向未来的主城区，在满足交通配套需求的同时，致力于提升该片区整体服务水平，突出该片区的城市特色和文化内涵。

济南东站利用得天独厚的区位优势，发挥自身内引外联的辐射效应，将自身功能融入城市，将空间尺度和肌理隐于城市脉络，使其不但成为济南东部新城的迎客之窗，也是留客之地、待客之庭。济南东站综合交通枢纽总体空间关系如图 5-1 所示。

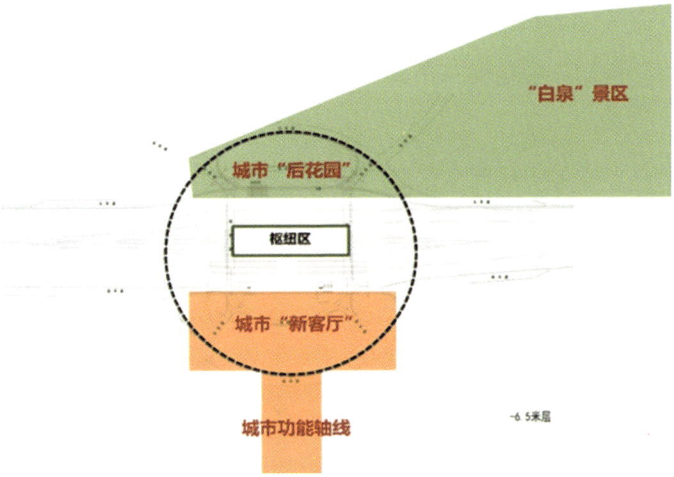


图 5-1　济南东站综合交通枢纽总体空间关系图

## 5.1　“城市客厅”的城市功能性空间规划

城市客厅，重点在于城市功能性空间规划。所谓“城市功能性空间”，即为市民提供城市功能服务的枢纽空间。尽管提供该服务的场所位于枢纽区域，但该空间承担更多的是服务城市的功能，而并非仅有交通功能。

然而，国内在建枢纽为避免客流交叉干扰，大多仅强调枢纽的交通功能，而回避了枢纽的城市功能。枢纽像孤岛一样嵌入城市之中，与城市之间通过尺度巨大的广场相连。两者之间既无尺度的呼应，也缺少空间的延续，造成枢纽内部人头攒动、室外广场门可罗雀的奇怪景象，对城市有限的空间资源造成了巨大的浪费。

以济南西站为例。其站前广场缺乏设计，过于开敞（见图 5-2）；建筑布局不紧凑且形态较为严肃；核心区功能较为单一。这些因素导致济南西站缺乏人气。

上海虹桥枢纽是高人气高铁枢纽的代表，为市民提供了多种服务，可满足多类人群的需求；尺度适宜的站前广场既体现了集散性，也不浪费空间，具体如图 5-3 所示。

因此，与其固守传统的设计模式，不如将枢纽巨大的站前空间还于城市，把尺度巨大的站前广场变为空间适中的市民广场，让城市充分利用这块“风水宝地”，让枢纽所在的片区成长为城站融合的城市副中心、城市发展的“新引擎”。

图 5-2 济南西站站前广场

图 5-3 虹桥枢纽站前广场

## 5.2 “城市客厅”实践——南广场规划设计

### 5.2.1 城市功能空间设计思路

济南东站片区的规划和设计充分尊重“公交导向开发”的新城市主义理念，着力打造紧凑集约又充满地方特色的开放街区和活力中心。

南广场配套交通设施主要位于地下及地面公交车场；地面层及地上二、三层为商业配套开发建筑；建筑衬托车站主体，与车站融为一体；景观区域利用车站和站前建筑的不同标高，形成立体的景观层次。

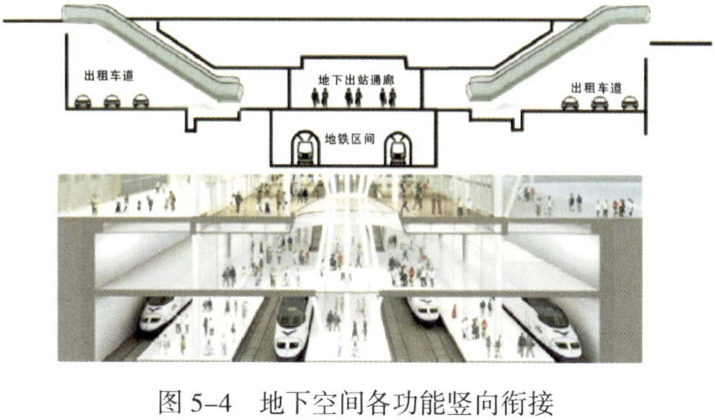


图 5-4 地下空间各功能竖向衔接

广场开放空间尺度适宜，有利于商业活动的展开，具体如图 5-4 至图 5-7 所示。

图 5-5　地下功能

图 5-6　广场形态

图 5-7　广场空间

### 5.2.2　设计理念

**1. 总体定位**

将该区域打造成为集交通、特色商业、高端商务等功能于一体的高效、有序的城市空间。广场内各功能区域的相互关系如图 5-8 所示。

图 5-8　广场内各功能的相互关系





### 2. 体现站城一体的格局

（1）规划设计原则

①结构的优化：将南侧进站高架桥内置于站房与铁路车场之间，最大限度地加强站房与城市之间的联系，如图 5-9 所示。

南侧站房与南广场不受高架进站车道的限制，可以实现各种交通流线的高度整合。在实现便捷换乘的同时，激发了站前空间的商业活力，实现了南侧站房及南广场建筑物内部的客流疏散、换乘、休闲等多种功能。

②尺度的衔接：调整枢纽核心区交通组织，降低南侧站前道路等级，道路红线宽度减小 10 米，为城市空间的拓展与城站融合提供了可能，如图 5-10 所示。

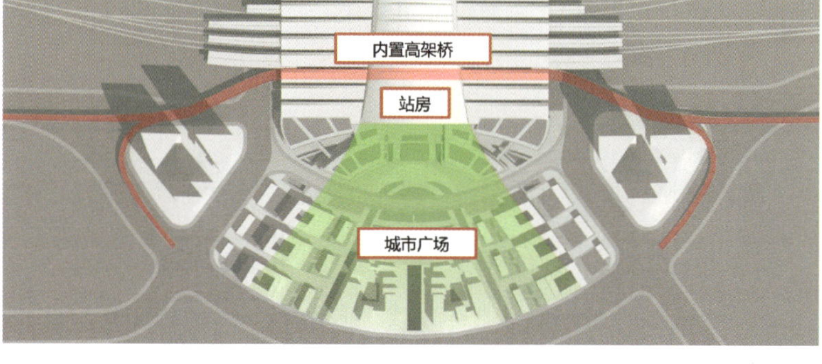

图 5-9　进站高架、站房与城市广场的关系

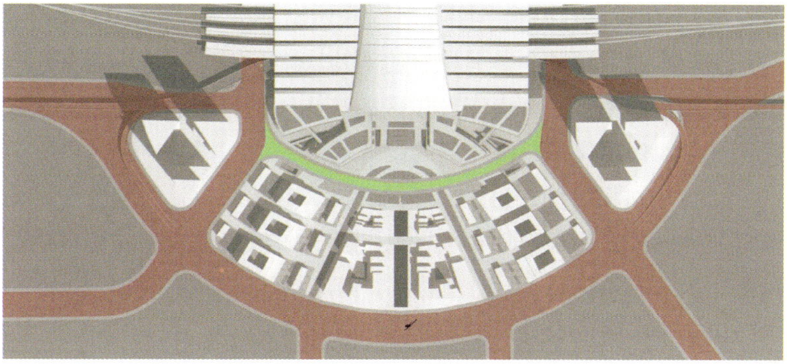

图 5-10　站前道路等级调整

③轴线的连续：将城市景观进行合理布局，打造区域中央绿地。利用建筑与绿地、街道营造城市“天际线”，将景观轴线与人行轴线相结合，如图 5-11 和图 5-12 所示 。

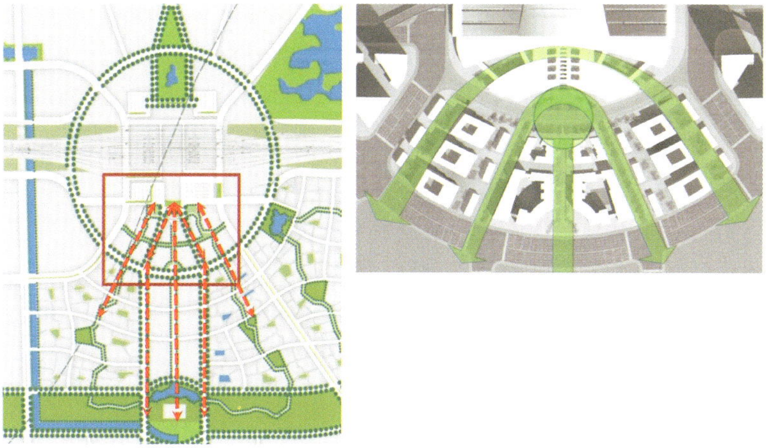

图 5-11　景观轴线

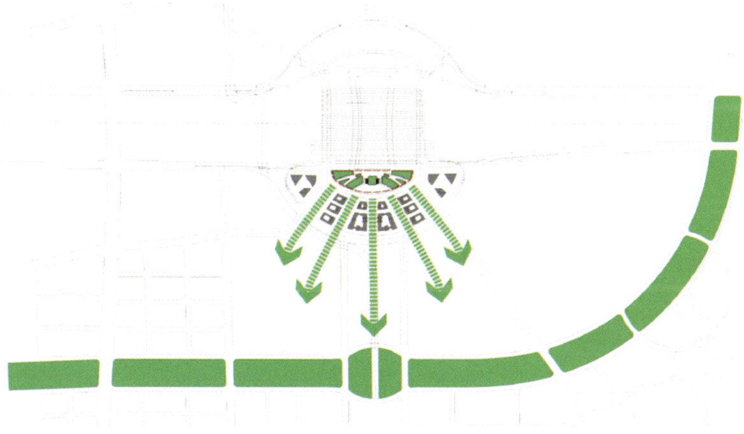

图 5-12　与城市景观轴的联系

（2）建筑设计原则

①与东站片区的整体风格相协调：济南东站片区是济南东部城市新区的核心节点。济南东部新区的整体风格应区别于老城，富有现代气息的建筑风格是南广场的设计基调。

②与车站相协调，衬托出车站：济南东站的设计简单大气，拱形双曲屋面配合折板玻璃幕墙，共同构成了极富现代感的车站建筑风格。车站的建筑高大，造型特别，南广场如一个稳定的"基座"，烘托出整个车站的设计风格。

③流动与开放：南广场建筑与东站综合交通枢纽紧紧贴合，确保旅客及市民在这个区域内自由穿行，为人们提供服务。

**3. 广场尺度控制**

（1）南广场尺度确定：南广场兼有站前广场与市民活动广场的功能，长、宽均为 200 米左右。这样，开敞的广场空间既可以使人们从整体上感受整个车站建筑，也可发挥站前人流集散的作用。适宜的广场尺度更能表达"城市新客厅"的终极设计理念。南广场商业内街透视图如图 5-13 所示。

（2）微景观的设置：在靠近建筑檐口的位置设置了观景台阶，人们可以坐下来观景休憩。结合屋顶覆土，配合绿植，形成了大景观中的微景观，如图 5-14 和图 5-15 所示。

（3）营造城市副中心商业氛围：加强城市设计理念，统筹城市规划策略，强化广场的城市属性，营造城市副中心的商业氛围，如图 5-16 所示。

图 5-13　南广场商业内街透视图

图 5-14　微景观设置示意图一

图 5-15　微景观设置示意图二

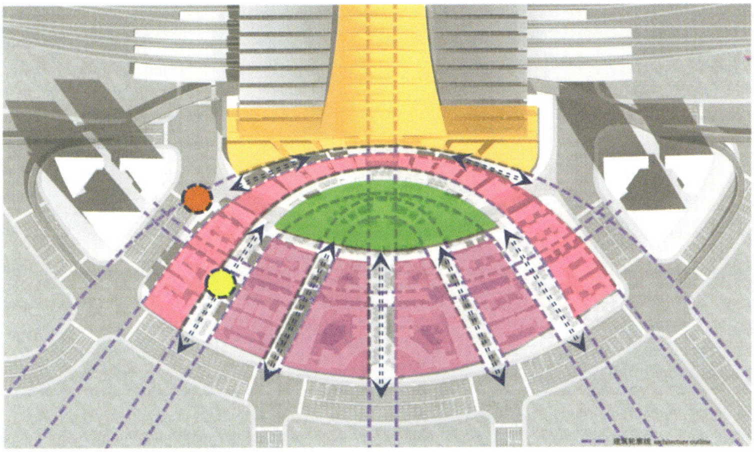

南部两侧商业街区延伸效果

南部中央商业街区延伸效果

图 5-16　创新型广场设计

### 5.2.3 南广场设计效果

南广场设计效果如图 5-17 至图 5-25 所示。

图 5-17 鸟瞰图（昼）

图 5-18 鸟瞰图（夜）

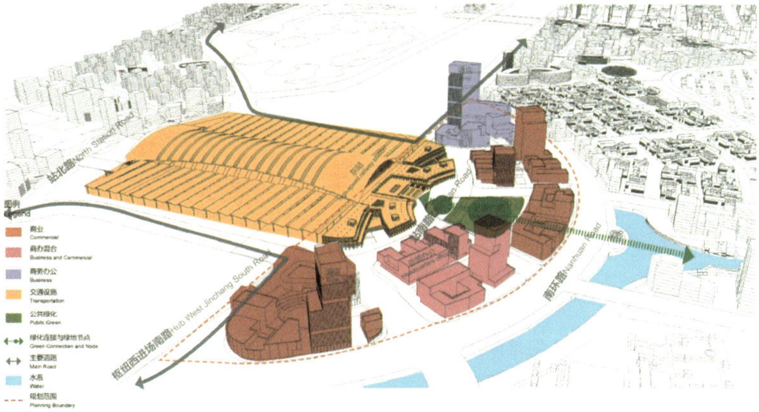


图 5-19 功能结构

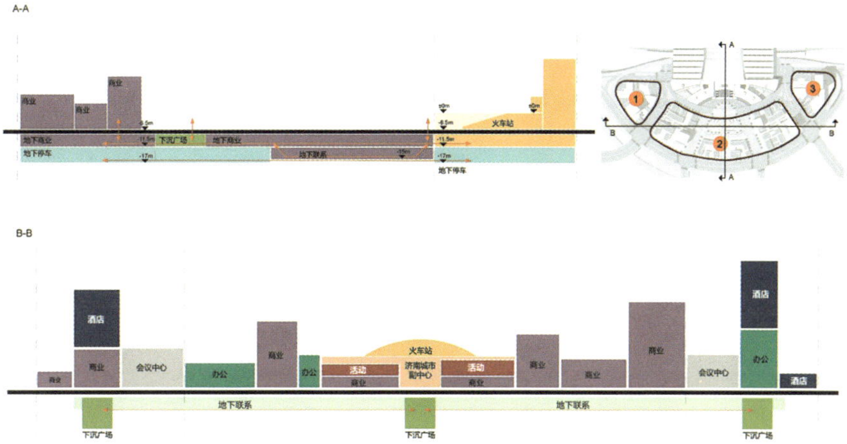


图 5-20　剖面业态分析

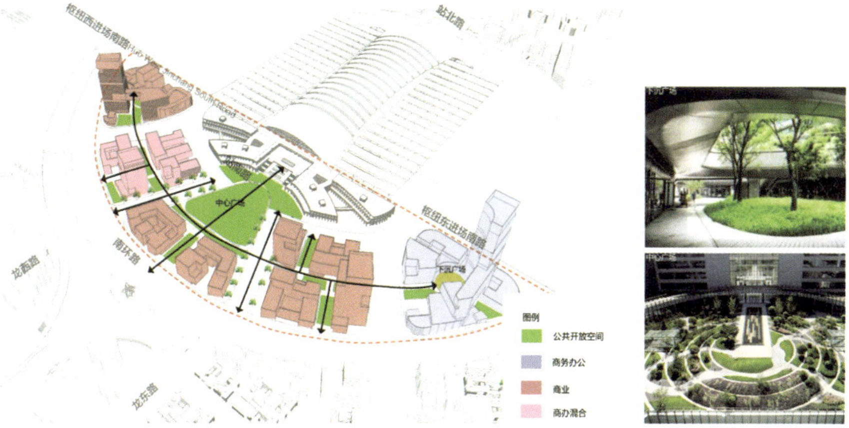


图 5-21　开放空间规划

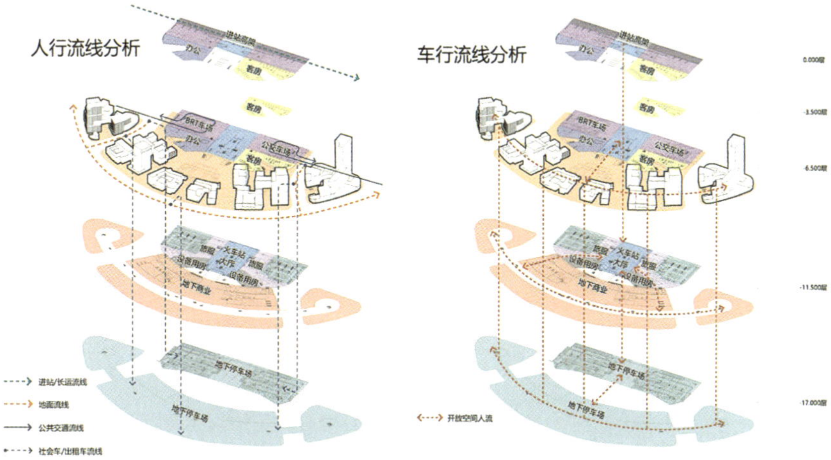


图 5-22　地下空间联系

图 5-23　站房二层视线效果图一

图 5-24　站房二层视线效果图二

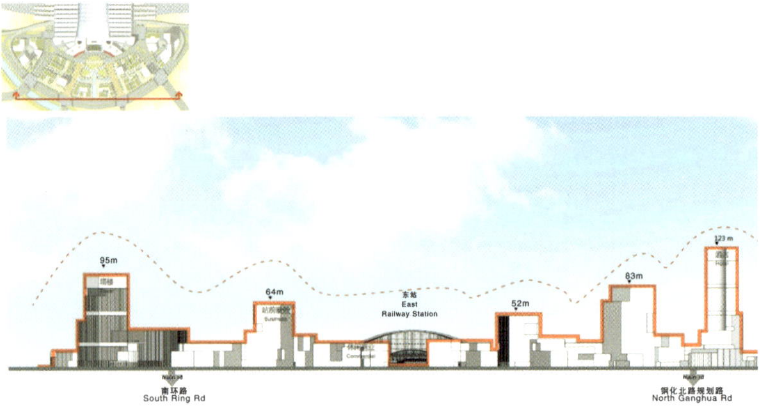


图 5-25　天际线

# 第6章

# 济南东站综合交通枢纽开发策划

6.1 片区发展背景
6.1.1 发展基础
6.1.2 区域发展背景

6.2 片区发展目标梳理
6.2.1 片区功能筛选案例分析
6.2.2 片区功能确定

6.3 片区产业规划研究
6.3.1 济南市产业现状分析
6.3.2 枢纽片区产业定位
6.3.3 枢纽片区产业发展目标

6.4 产业规划案例借鉴
6.4.1 上海虹桥交通枢纽案例解析
6.4.2 日本火车站案例解析
6.4.3 案例分析小结

6.5 综合交通枢纽投资与收益平衡策划
6.5.1 综合交通枢纽投资费用分摊方式
6.5.2 综合交通枢纽盈利、运营、投融资分析
6.5.3 综合交通枢纽收益与投资平衡分析

6.6 综合交通枢纽运营管理模式策划
6.6.1 综合交通枢纽地下空间功能布局模式分析

6.6.2　案例分析
6.6.3　综合交通枢纽运营管理模式的研究

## 6.1　片区发展背景

### 6.1.1　发展基础

济南东站是一个综合交通枢纽，对内通过轨道交通、高速公路、常规公交、BRT 等实现与城市中心的联系；对外通过济青高铁、城际铁路实现与其他城市的联系。片区周边交通、未来增加轨道交通情况如图 6–1、表 6–1 所示。

从现在以及未来几年的济南市交通规划中可以看出，济南东站将成为很多铁路线路的始发站，如表 6–2 所示。济南东站的交通辐射功能逐渐显现。

图 6–1　片区周边交通

**表 6-1　片区轨道交通情况**

| 线路 | 预计开通时间 | 途经主要区域 |
| --- | --- | --- |
| R3 | 2020 年 | 市政府、奥体板块、高新区、新东站；<br>未来将联通遥墙机场 |
| M1 | 2020 年之后 | 济南西站、老城区、中央商务区、高新区、济南东站 |

**表 6-2　济南铁路交通枢纽线路停靠情况**

| 主要路线 | 开通时间（年） | 济南西站 | 济南站 | 济南东站 |
| --- | --- | --- | --- | --- |
| 胶济客专 | 2008 | 不停 | 主要停靠站 | 经停站 |
| 京沪高铁 | 2011 | 经停站 | 不停 | 不停 |
| 石济客专（太青客专） | 2017 | 不停 | 不停 | 终到站 |
| 济青高铁 | 2018 | 不停 | 不停 | 始发站 |
| 郑济高铁 | 2020 | 终到站 | 不停 | 不停 |
| 济滨城际 | 2020 | 不停 | 不停 | 始发站 |
| 济莱城际 | 2020 | 不停 | 不停 | 始发站 |
| 济泰城际 | — | 不停 | 不停 | 始发站 |

### 6.1.2　区域发展背景

**1. 宏观层面（城市区位）**

济青高铁、城际铁路加速了济南与省内其他城市的联系；济南东站片区是济南辐射周边城市的首要承接点。考虑城市能级、与机场联系的密切程度等因素，济南东站的综合辐射力弱于青岛红岛站。济南东站与青岛红岛站的对比如图 6-2 所示。

**2. 中观层面（区位功能与区域发展）**

济南东站片区为城市次中心，处于东部核心区与临港经济开发区之间。依托交通枢纽的区位优势，济南东站可作为枢纽南侧城市功能的补充以及北部临港经济开发区的配套设施（见图 6-3）。

十几年来，济南这座城市获得了较快的发展。2002 年，济南提出东部新城概念；2003 年，确定“东拓西进，南控北跨”；2004 年，高新区国际会展中心建成并投入使用；2006 年，奥体中心开工；2009 年，举办全运会，市政府部分职能部门进驻龙奥大厦；2010 年，山东博物馆开馆；2011 年，舜泰广场等经十路沿线写字楼陆续开建或投入使用，政府提出东部新城 CBD（中央商务区）概念，唐冶新

| | 济南东站 | 青岛红岛站 |
| --- | --- | --- |
| 城市定位 | 政治中心<br>文化中心 | 经济中心 |
| 城市辐射力 | 内向型，辐射省内及周边 | 外向型，面向国内外 |
| 城市交通优势 | 陆路交通 | 航空海运 |
| 对内交通能级 | 铁路、公路 | 铁路、公路、航空 |
| 片区周边用地规划 | 居住为主，部分商业 | 商业为主，部分居住 |
| 片区周边功能规划 | 居住、商务商业、公共服务 | 商务、会展奥体等公共服务 |

图 6-2　济南东站与青岛红岛站的对比

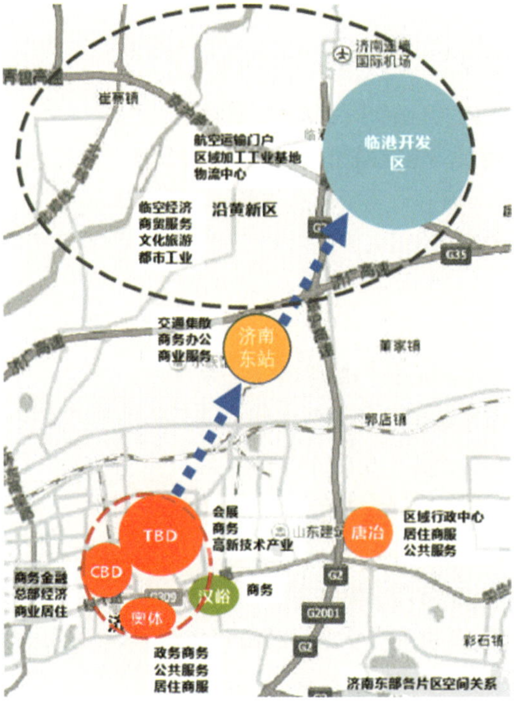


图 6-3　济南各片区功能

城陆续开建并投入使用；2012 年，汉峪金谷开工；2015 年，华润万象城开建；2016 年，新 CBD 地标项目绿地国际金融中心开工，高新区范围扩大，代管临港经济开发区及长清创新谷，章丘撤市设区，东部新城范围进一步扩大；2017 年，文旅城开工。

从政府职能部门迁入龙奥大厦，到商务新区和金融等高端服务业集聚发展，再到现在新的城市新区的扩张，济南东站片区发展迅猛。作为城市次中心，它将进一步提升东部新城的城市地位和辐射力。

### 3. 微观层面（地块条件）

济南东站片区用地规划以住宅及公共配套为主，部分属于商务商业用地；胶济铁路线的阻隔，在一定程度上限制了该片区与核心区的联系；4.7 平方千米的核心功能区，承担了交通枢纽、商务及商业服务、旅游休闲等功能。东站片区功能梳理如图 6-4 所示。

综上所述，济南东站片区的发展既存在机遇，又面临挑战。其机遇主要体现在以下四点：

（1）城市次中心：本片区处于东部新城核心区与临港经济开发区之间，将成为东部发展新的增长极，可以有效发挥纽带及配套服务平台等功能。

（2）东部核心区：该片区南侧的东部新城核心区，是济南主要的产业集聚区，逐渐成熟的核心区功能的发挥将带动该片区的发展。

（3）综合交通枢纽：济南东站

为济南与周边城市的城际交通始发站，是济南对外交通的重要门户，是承接济南对外辐射的“窗口”。

（4）自然人文资源：白泉传统风貌区等为该片区发展生态居住及旅游休闲等业态提供了可能。

当然，该片区在发展中也会面临挑战：

（1）该片区处于市区边缘，上位规划以居住为主，处于发展初期，面临人口导入、片区启动等问题，发展尚不成熟。

（2）该片区临近高新区及济南 CBD 等产业及商务核心区，这些区域产业基础良好，产业布局完善。相比较而言，济南东站片区发展高新技术等产业的机会较少。

（3）该片区南侧的胶济铁路线将片区与东部核心区隔离开来，在一定程度上影响了核心区功能的外溢。

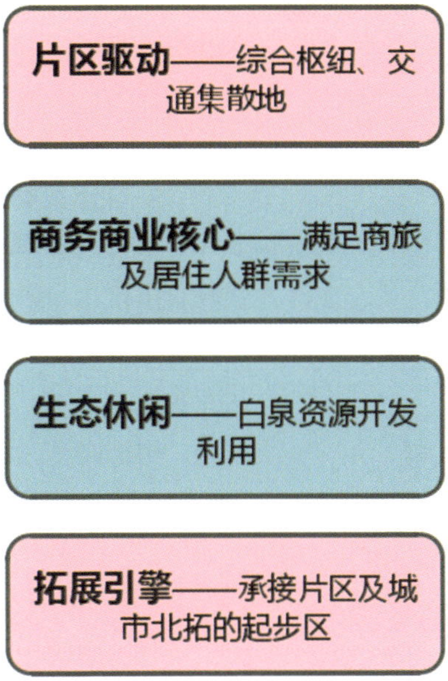

图 6-4　东站片区功能

## 6.2　片区发展目标梳理

### 6.2.1　片区功能筛选案例分析

济南东站既是城市综合交通枢纽，又地处济南城市副中心，因此主要从这两方面对其功能进行筛选。具体以荷兰阿姆斯特丹空港区、韩国仁川永宗岛、日本东京台场为例进行对比分析。

#### 1. 荷兰阿姆斯特丹空港区

荷兰阿姆斯特丹空港区以发展商务服务为主，集聚与枢纽相关的产业、配套服务业及高新技术服务业。

相比而言，济南东部新城已有 CBD 等高新技术服务集聚区，东站片区缺少产业基础，难以发展大规模商务服务业。建议谨慎选择入驻企业类型。

#### 2. 韩国仁川永宗岛

韩国仁川永宗岛利用自身环境资源条件，加强学校、医院、特色商业等基础设施建设，将自身打造成休闲旅游度假地，以加强整体区域竞争力。

相比而言，济南东站片区可结合白泉湿地公园以及传统风貌区内的泉眼资源，发展文化休闲旅游。建议发展文化旅游类的创智型企业。

### 3. 日本东京台场

日本东京台场地区距东京市中心 6 千米，距成田机场 50 千米，距羽田机场 15 千米，交通条件便利。本地区是商业、娱乐、商务聚集区，主导产业包括会议会展中心、信息产业、多媒体产业、物流业等。

相比而言，济南东站片区在打造普通区域性商业的同时，应兼顾引入体验式特色性商业项目，以服务于游客及周边居民。

## 6.2.2 片区功能确定

通过案例比较，再结合自身条件，得出东站片区最适宜的发展方向（见表 6–3 和图 6–5）。

表 6–3 济南东站片区功能筛选

| | | 战略定位 | 区位抗性 | 自身资源 | 周边带动 | 竞争态势 | 综合评价 |
|---|---|---|---|---|---|---|---|
| 商务服务 | 物流 | 0 | 0.5 | 1 | 0 | 0.5 | 2 |
| | 贸易服务 | 1 | 1 | 0 | 1 | 0.5 | 3.5 |
| | 金融保险 | 0.5 | 0 | 0 | 0 | 0 | 0.5 |
| | 文化传媒 | 0.5 | 1 | 0 | 0.5 | 1 | 3 |
| | 创新服务 | 1 | 1 | 0 | 1 | 0.5 | 3.5 |
| | 高新技术研发 | 0 | 1 | 0 | 1 | 0 | 2 |
| | 会议会展 | 1 | 0.5 | 0 | 1 | 0 | 2.5 |
| 商业零售 | 配套商业 | 1 | 0.5 | 0 | 1 | 0.5 | 3 |
| | 特色商业 | 1 | 1 | 0.5 | 1 | 0.5 | 4 |
| 文化休闲 | 文化旅游 | 0.5 | 1 | 1 | 1 | 0.5 | 4 |
| | 休闲娱乐 | 0.5 | 1 | 0.5 | 0.5 | 0.5 | 3 |
| | 文化展示 | 0.5 | 1 | 1 | 0.5 | 1 | 4 |

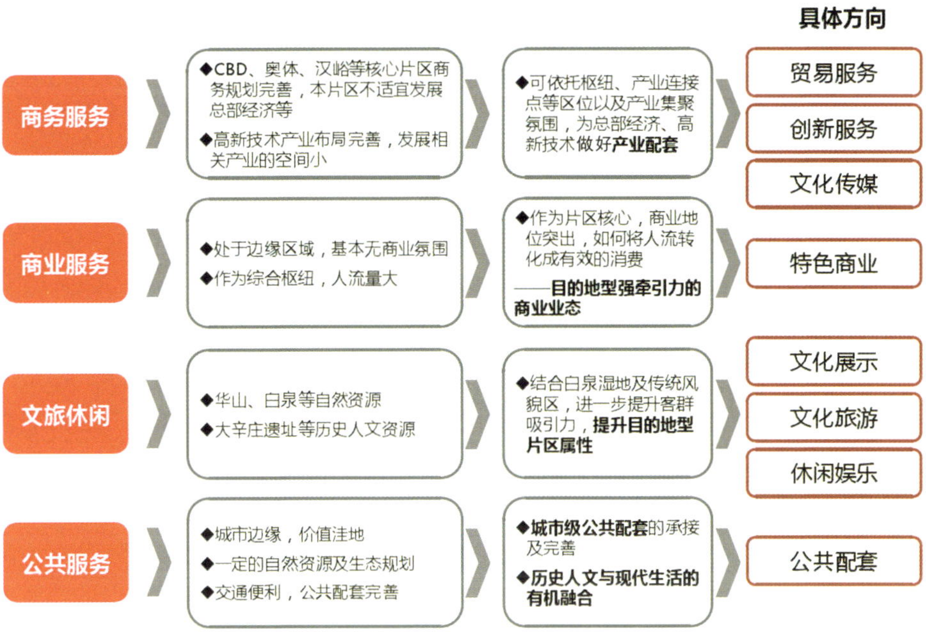


图 6-5　济南东站片区发展方向

## 6.3　片区产业规划研究

### 6.3.1　济南市产业现状分析

改革开放以来，济南市的经济发展形势较好，并由此形成了以钢铁、石油化工、电子信息、交通运输、设备制造等为主导的产业体系。但与其他一些城市相比，济南仍然存在产业结构改进和优化的空间。

目前，济南产业结构的分布特点为：

（1）集中程度比较高。

（2）具有较为明显的圈层结构。

（3）呈放射性轴向推进。

目前，东部新城周边板块已发展了金融、信息、高新技术、会展等产业；东站片区基本已无发展高附加值产业及生产制造支柱型产业的空间，可发展相应服务配套产业。

### 6.3.2　枢纽片区产业定位

在综合以上信息之后，基本确定东站片区以文旅、商业业态相结合作为核心驱动，进而带动商务发展的模式。主要分为商务服务、商业服务、文旅休闲、公共服务四大类。

#### 1. 商务服务

高新技术、科技研发、商务贸易等行业均对枢纽片区有一定的配套服务的需求；可依托技术研发产业、先进制造业及金融商务集聚的氛围，为相关企业提供技术交流、资源共享平台等配套服务。

具体方向：创新服务产业、贸易服务产业、文化传媒产业。

#### 2. 商业服务

以万象城为代表的新 CBD、唐冶片区、雪山片区、高新会展中心片区都将发展成为新的商圈，对配套服务有较大的需求；但是济南东站片区尚无商业氛围，且距主要商圈较远，需着力打造目的型业态，提升片区辐射力，留住客群，同时满足周边居民的日常消费需求。

具体方向：体验式购物中心、特色街区、配套商业。

#### 3. 文旅休闲

济南旅游市场产品单一，以泉为特色，缺乏复合型休闲业态，文化旅游可作为片区发展的驱动力。但仅依靠白泉等自然资源无法实现有效牵引。可依托济南东站枢纽，结合白泉等自然及人文资源，引入具有吸引力的休闲业态，打造复合型文旅项目，提升片区人气。

具体方向：复合式休闲业态、文化展示中心。

#### 4. 公共服务

公共配套尤其是学区资源是济南新区大盘的标配及核心驱动力之一，会在一定程度上影响价格和去化速度。应该以本地优势教育资源为主，引入分校，同时依托与省内其他城市的便捷交通，适当发展国际教育。

具体方向：九年一贯制学校、国际学校。

### 6.3.3 枢纽片区产业发展目标

济南东站片区的发展目标主要是商务产业和城市休闲产业两大板块。

#### 1. 板块一：商务产业发展目标

单一行业类别难以支撑东站片区作为城市次中心的地位，基于系统的内外部产业发展环境，建议本片区就商务发展方面聚焦三大服务平台（见图 6-6）。

图 6-6　三大服务平台

三大服务平台相互促进，共享客群，共同建设济南东站板块商务服务高地，促进济南新旧动能转换（见图 6-7）。

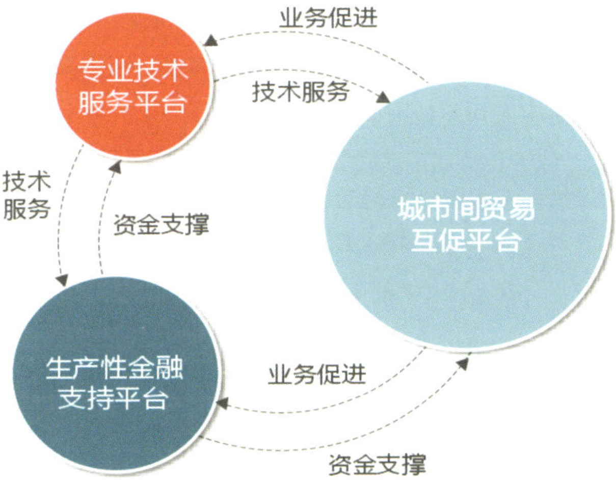


图 6-7　三大平台相互支撑

（1）专业技术服务平台：打造面向全省的专业技术服务平台，建立区域产业创新转型高地，如图 6-8 所示。

图 6-8　专业技术服务平台

（2）城市间贸易互促平台：凭借片区的交通便利性，整合市场、客户、渠道、订单资源，建立城市内以及城市之间的贸易促进平台。

（3）生产性金融支持平台：为城市产业活动提供担保、融资、保险服务，与 CBD 板块综合型金融、消费型金融形成差异。

（4）生活服务核心定位：围绕片区生态居住功能，打造生活服务聚集区，构建济南东部新城智慧社区、文化社区、生态社区。

**2. 板块二：城市休闲产业发展目标**

（1）休闲小镇：依托白泉湿地与传统风貌区资源特色，植入文化、商业、休闲业态，打造集文化休闲、养生度假、雅致生活于一体的文化休闲特色风貌区。

（2）休闲商业组团：打造以亲子游乐、休闲餐饮、精品酒店为主的休闲商业。

（3）生态居住组团：以低密度高端居住区为主，依托良好的景观资源和便捷的交通，以商务人士等中高端消费群体为客群，发展生态居住社区。

（4）北广场国际商贸城：充分发挥北广场的交通枢纽优势，发展国际商贸城等目的型商业，与南广场形成错位发展。

## 6.4　产业规划案例借鉴

综合枢纽是片区配套及发展引擎之一，难以独自支撑站前商务片区的发展。因此，区域发展的核心驱动应是“交通枢纽＋X”，这个“X”包括很多可能，各地区、各个交通枢纽也不一样。

上海虹桥和香港西九龙站除了交通功能以外，辅助功能以现代服务、商业会展为主；南京南站则以高端商贸和信息服务为主；济南西站主要发挥其文化、商贸的辅助作用；杭州东站是以商贸物流、旅游集散为主。各交通枢纽的鸟瞰图如图 6-9 所示。下面以上海虹桥交通枢纽和日本新宿火车站为例进行案例分析。

图 6-9　部分现代交通枢纽

### 6.4.1 上海虹桥交通枢纽案例解析

虹桥交通枢纽是我国东部沿海地区、长江三角洲地区重要的城市综合交通枢纽。枢纽年到发量达 9651 万人次，日均客流为 30.1 万人次。

虹桥综合交通枢纽集民用航空、高速铁路、城际铁路、长途客运、地铁、地面交通等多种交通方式于一体，是目前世界上最大的综合交通枢纽之一。

整个项目分为南区和北区，中间由湖虹路、绍虹路和一条绿化带隔开；南北区均四面临街，展示性强。

南区以商业为主，北区以办公为主，动静区分明显。南区以购物中心、演艺中心、办公楼为主，客群流动性大；北区以写字楼、酒店为主，客群流动性小。

酒店昭示性要求高，排布在临火车站一侧，为该片区吸引人气；休闲街区与演艺中心、购物广场沿绍虹路相对排布，有利于聚集客流；写字楼偏西侧沿街分布。商业综合体业态规划一般以商业的临街价值次序布局，而虹桥枢纽项目将酒店和演艺中心放在最具价值、人流量最多的临火车站一面，其原因在于设计的本意是以新颖的建筑形式以及火车站旅客最需要的酒店来吸引客群。

虹桥商务区紧邻虹桥交通枢纽，是长三角洲面向世界的重要门户，其中虹桥商务核心区包括核心区一期、核心区南北片区和中国博览会会展综合体。规划用地面积为 26.3 平方千米，配备有综合交通枢纽、办公及配套设施等，总开发面积为 1100 万平方米。

虹桥商务区核心区一期紧邻交通枢纽本体，是虹桥商务区结构的核心区，也是功能的核心区。核心区产业以“流动”为特色的现代商务贸易服务业为主，重点发展面向长三角地区的商务办公、商业金融、贸易结算、信息服务、高端会议与专业会展等产业。主体功能区以外区域主要承担核心区的配套功能，是虹桥商务区主功能区的基本功能配套区、延伸产业辐射区、交通功能保障区和环境品质支撑区。虹桥商务区规划商业商务办公类建筑总量达 1421 万平方米。其中主功能区为 513 万平方米，拓展区为 908 万平方米。

### 6.4.2 日本新宿火车站案例解析

新宿站是日本东京都新宿区最重要的铁路车站，使用新宿站的铁路业者包括东日本旅客铁道株式会社（JR 路线）、小田急电铁株式会社、京王电铁株式会社等。新宿站每日使用人次，以出入闸人次计算，达 364 万人次，是世界上使用人次最高的铁路车站。新宿站有 178 个出口，是世界上出口数量最多的车站。

新宿站商业零售集中区，以特色商业发展为主导，并集合商务办公、金融等服务类产业以及酒店、公寓等配套设施。地下商业业态与地面商业业态、品牌类型相似，与地铁连通楼层以便捷性的超市、休闲餐饮为主，服务通勤客群。总体来说，日本新宿站商业零售集中区有以下几大特征：

特征一：地下空间围绕地铁站布局，通过地下商业空间与地铁站区、地面购物区及办公区相连。

特征二：地上与地下商业有机融合发展，地下商业根据地上商业的发展和定位进行设置。

特征三：与轨道交通同步发展，逐层向外围空间开发；地下商业与地上商业实现立体开发。

### 6.4.3 案例分析小结

综合交通枢纽作为一个城市人流的集散地，行使着向四面八方输送客群的职能，但是在现代城市中，综合交通枢纽很难作为一个单独的个体而存在，需要附加各种服务功能。

交通枢纽周边的业态相对于其他地区的业态，既有优势也有劣势。优势在于其庞大的客流量，可以带来巨大的商机，而劣势在于其交通枢纽产生的嘈杂，可能会产生较大的噪声污染。各个城市为此采取了不同策略。

综上可知，“交通枢纽 + X”是现代交通枢纽的必然发展趋势，济南东站片区在打造普通区域性商业的同时，应该兼顾引入体验式特色性商业项目，并利用周边的自然资源打造更多元化的业态，集中发展服务类企业。

## 6.5 综合交通枢纽投资与收益平衡策划

### 6.5.1 综合交通枢纽投资费用分摊方式

济南东站综合交通枢纽是由多种交通方式组成的集中换乘的交通设施，如图 6-10 所示。

综合交通枢纽涉及多种交通方式，因此项目建设也涉及多方投资主体。交通枢纽是一个统一的有机体。为保证项目的顺利实施，项目建设需要统一协调、统筹安排，需要一个业主代表协调各投资主体之间的关系，组织项目的建设。因此，济南轨道交通集团有限公司委托上海市政工程设计研究总院（集团）有限公司作为主体设

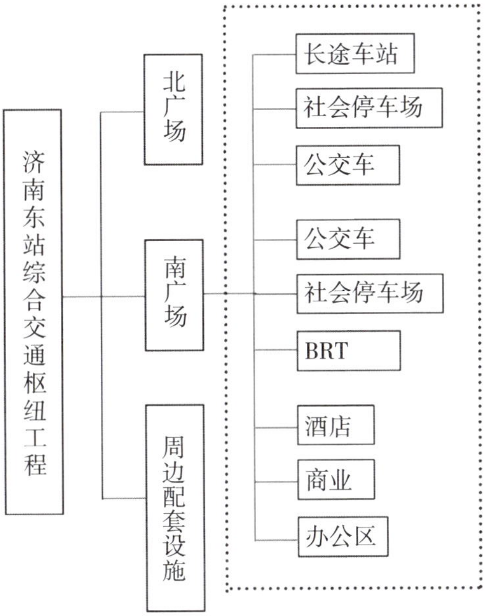


图 6-10　多种交通方式组合

计单位，统一规划设计。由于综合交通枢纽项目是由多业主投资，因此有必要研究一下投资费用的分摊问题。通常情况下，采用以下的分摊原则：

（1）按各种交通方式的客流量进行分摊。

（2）按各种交通方式占用的建筑面积分摊。

经过协商，济南东站综合交通枢纽采用上述两种方式相结合的原则分摊投资费用，即：各种交通方式独立使用的设备、管理用房，按其建筑面积进行分摊；公用部分按各种交通方式的客流量进行分摊。

### 6.5.2　综合交通枢纽盈利、运营、投融资分析

#### 1. 公共综合交通枢纽的特点

公共综合交通枢纽是在传统的公交枢纽站的基础上，通过开发项目内部及周边区域房地产、金融、旅游、服务等相关附属产业，吸引民间资本投入，扩大融资渠道，从而增加投资的经济效益和社会效益，是将社会化与市场化开发融为一体的公共基础设施项目。与传统的单一交通功能的公交枢纽站相比，公共综合交通枢纽在运营管理模式和盈利模式等方面有不同之处。因此，需要通过分析公

共综合交通枢纽各方面的特点，提出适合我国公共综合交通枢纽项目的投融资模式。

### 2. 公共综合交通枢纽的盈利模式

公共综合交通枢纽与现代服务业集聚区之间是相互补充、相互促进的关系。首先，城市公共综合交通枢纽是大量旅客进出城市的必经之路，有多条交通线路交汇于此，便捷的交通会吸引更多的旅客前往交通枢纽并享用此处的各项服务，为投资商提供潜在的巨大商机，并提高了周边的土地价值。其次，购物、餐饮、房地产、娱乐等项目的一体式开发在为人们提供各项优质服务的同时，也为公共综合交通枢纽本身提供了大量的客源，为交通枢纽的进一步建设提供了经济来源和保障，形成良性循环。

### 3. 公共综合交通枢纽的运营管理模式

公共综合交通枢纽的业务主要分为专业化业务和共性化业务两大类。其中，专业化业务主要是涉及交通方面的组织和管理，包括行车调度、客户服务、票务管理、专用设备维护等；共性化业务主要是涉及物业开发部分的组织和管理，包括商业、办公、餐饮、娱乐等设施的运营和管理。其中，专业化业务必须由具备相应枢纽运营管理经验的交通部门负责。共性化业务的市场化程度较高，可供选择的运营主体的余地很大，既可由交通部门统一管理，再将物业开发部分批租给民营企业或个人，也可以通过竞标，以特许经营的方式交由民营机构运营管理，政府发挥监管的作用。

### 4. 公共综合交通枢纽带来的社会效益

公共综合交通枢纽属于公益性基础设施建设项目，能够产生巨大的外部效益。对于乘客而言，公共综合交通枢纽能够实现多种交通方式的无缝衔接，提高换乘效率。对于政府而言，公共综合交通枢纽的建设节约了城市中心的土地资源，增加了就业人数，提高了税收收入，促进了周边经济的发展。对于开发商而言，公共综合交通枢纽带来了大量的客流，为投资商提供了巨大商机和经济效益。对于社会而言，公共综合交通枢纽的建设促使大家更多地使用公共交通的方式出行，提高了公交出行方式的分担率，缓解了城市交通拥堵的压力，真正实现了低碳交通和绿色交通。

### 5. 公共综合交通枢纽投融资模式

对于大型的建设项目来说，主要有 BOT（建设—运营—移交）、

BT( 建设—移交 ) 、PPP( 公私合营 ) 、ABS( 资产证券化 )、TOT( 移交—运营—移交）等投融资方式。由于公共综合交通枢纽项目的交通部分涉及民航、铁路、公路、港口等多个部门，具有较强的专业要求，因此必须以政府主导的方式进行运营和管理。而在 BOT 和 TOT 的融资模式中，项目的所有权和经营权在特许经营期内是属于民营企业的，容易引起政治、社会、经济等各方面的问题，因此建议使用 BT、PPP、ABS 三种融资模式。

（1）BT（建设—移交）融资模式：BT 融资模式是指政府在项目建成后从民营机构中购回项目(可一次性支付,也可分期支付）。与政府投资建设项目不同的是，政府可以通过财政拨款等途径购回项目，往往采用事后支付的方式。公共综合交通枢纽项目投资巨大，BT 融资模式可以选择由民营企业代建项目，减少政府在项目建设过程中可能遇到的风险和矛盾，如成本超支、停建、延期、无法正常运营等，而且不会影响政府对项目在运营期内的控制权和经营权。对于民营企业而言，代建公共综合交通枢纽项目不仅可以获得政府在项目立项、地价、规划、税费、物业租金等方面的重点支持和优惠，而且可以借用政府的可兑信用证来获得银行的有限追索权贷款。

（2）PPP（公私合营）融资模式：PPP 融资模式是指政府与民营机构签订长期合作协议，授权民营机构代替政府建设、运营和管理基础设施，并向社会公众提供公共服务。在 PPP 项目中，民营企业不能做或者不愿做的，需要由政府来做，其余部分全部由民营企业做，政府发挥监管作用。对于公共综合交通枢纽项目，PPP 融资模式允许民间资金注入，可减少政府巨大的财政支出，缓解政府的资金压力。在项目运营阶段，交通枢纽部分由政府运营管理，物业开发部分由民营企业经营管理。当民营企业的收益水平达到行业基准收益率时，按一定的比例与政府分享盈余收入；当民营企业的收入水平没有达到行业基准收益率时，由政府给予一定的补贴或者优惠政策。综上所述，PPP 融资方式能够实现政府和民营企业之间的优势互补、风险分担和利益共享。

（3）ABS（资产证券化）融资模式：ABS 融资模式是通过对资产中的风险和收益要素进行分离与重组，进而转换成金融市场上可以出售和流通的证券的过程。一般来说，投资项目所依附的资产只要在未来的一定时期内能带来现金收入，就可以达到 ABS 融资的条件。其中，SPV（即特殊目的的实体）是进行 ABS 融资的载体。SPV 直接在资本市场上发行债券募集资金，并将通过发行债券筹集的资金用于项目建设。政府主要以合同、协议等方式将项目未来的现金收入的权利转让给 SPV，SPV 利用项目资产的现金流清偿其在投资证券市场上所发行债券的本息。在 ABS 融资模式中，项目的所有权在存续期内由政府转至 SPV，而项目的经营权和决策权仍然属于政府，SPV 不参与运营，因此不必担心被私营机构控制。当项目所产生的收益在还本付息及支付各类费用后，项目的所有权仍回到政府手中。通过 ABS 融资建设公共综合交通枢纽的好处在于能够为政府筹集到建设资金，在项目的运营期间也不会出现掠夺性经营、税收流失的风险；而且债券能够在二级市场上转让，变现能力强。ABS 融资模式将项目的风险分散到大量的购买债券的投资者身上，减少了政府建设和经营项目时所承担的风险。

### 6.5.3 综合交通枢纽收益与投资平衡分析

**1. 资金平衡理论与方法**

（1）资金平衡理论框架：综合交通枢纽建设、运营资金平衡是对枢纽系统整个生命周期资金的输入、输出及其主要影响因素的汇集、核算和控制，其基本步骤为定义目标、清单分析、平衡计算和平衡控制，如图 6–11 所示。

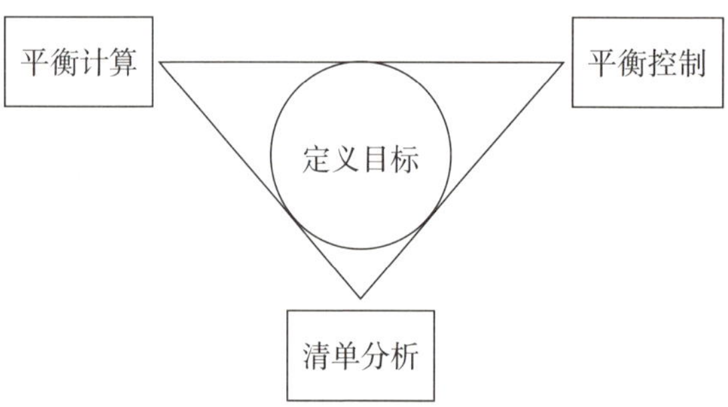


图 6–11　运营基本结构

资金平衡的对象是枢纽系统建设与运营过程，平衡控制的目的是实现枢纽系统全过程资金运作的平衡。所以，控制的第 1 步“定义目标”是确定或定义平衡控制对象，即确定所要控制的系统；第 2 步“清单分析”是指对研究过程边界内所有的资金输入、输出参数进行定量描述；第 3 步“平衡计算”是系统资金平衡控制中最关键的一步，即在前两步的基础上给出目标对象的平衡核算；第 4 步“平衡控制”是系统资金平衡在容差范围以外时所应采取的措施。

（2）资金平衡核算方法

①定义目标：综合交通枢纽系统资金综合平衡的目标，是从各个阶段的资金的平衡出发，实现枢纽区域建设的可持续发展。资金平衡是在分析建设项目现金流的基础上，本着综合平衡的原则，保持费用与收入的差值在一个允许的容差范围以内的状态。

②清单分析：清单分析是枢纽系统具体资金流的确定阶段，是

对项目公司的支出与收入进行数据量化分析，其实质是数据的收集、整理与分析。清单分析的核心是建立用资金值表示的枢纽系统的输入和输出系统。本书涉及的清单分析是以过程为基础，将研究系统在其边界范围内划分为一系列过程或活动，通过对单元过程或活动的输入、输出分析，建立相应的数据清单。运营资金的清单分析如图 6-12 所示。

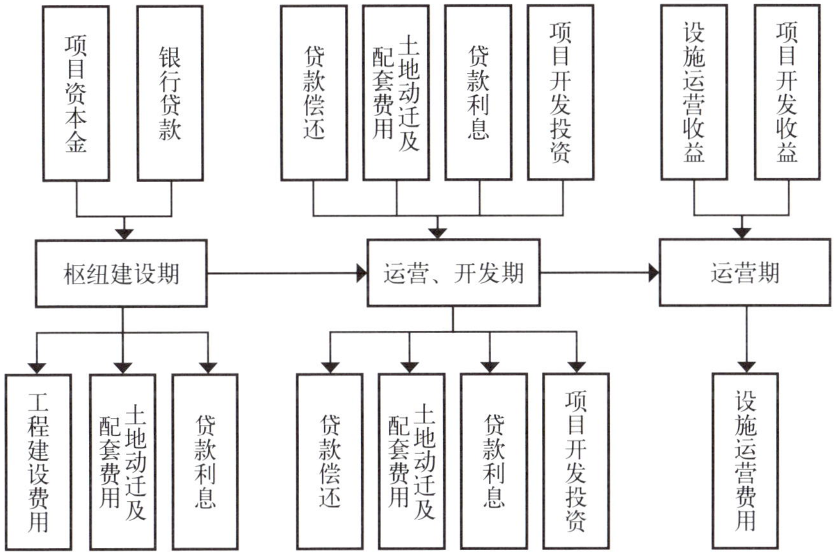


图 6-12　运营资金的清单分析

③平衡计算：清单分析的目的是对枢纽系统整个生命周期内的资金投入与收入进行清查。枢纽系统在建设与运营过程中，会受到各种复杂因素的影响，其中既包括系统内部的因素，也包括系统外部的因素，各种影响因素要么通过影响成本，要么通过影响收益，作用于项目的资金链。因此在平衡计算中，要将支出与收入纳入模型中，考察在主要影响因素的作用下系统的资金平衡状况。

④平衡控制：平衡计算的结果提供了系统资金的状况，根据这一结果，判断枢纽系统的资金平衡情况，并提前制定一系列相关计划，以便对系统的资金平衡进行控制，为决策者提供信息与决策支持。

### 2. 资金平衡模型的建立

（1）建立资金平衡核算模型的几点说明。综合交通枢纽系统是一个复杂的系统，资金平衡模型是对枢纽系统建设、运营资金平衡情况的抽象概括。为分析需要，首先作以下说明：

①资金平衡考察的是枢纽系统全过程的资金状况，考察的时间点可在枢纽区域建设运营的各个阶段。

②资金平衡的主要影响因素中，各种成本变动导致的区域支出的变动及土地开发收益或项目开发收益的变化带来的区域收入的变化可直接反映其现金流情况，因而被纳入模型。

③枢纽开发应考虑开发收益和开发年限的均衡，不能仅仅追求收益而忽视区域的产业规模和效益的形成，故应根据实际情况确定土地开发年限。

④以确定的土地开发模式进行收益与成本核算。

⑤利率应按考察年实际利率进行核算。

（2）资金平衡模型的构建。通常以系统资金收入与支出的差值来衡量枢纽区域资金平衡状况。构建的模型如下：

$$dif=\sum_{j=1}^{M}\sum_{l=1}^{N}[I_{lj}(P/F,i,n)]-\sum_{j=1}^{M}\sum_{l=1}^{N}[C_{lj}(P/F,i,n)]$$

式中，$dif$ 为系统供需资金差值；$I_{lj}$ 为系统在第 $l$ 个周期、第 $j$ 个区域的资金收入值；$C_{lj}$ 为系统在第 $l$ 个周期、第 $j$ 个区域的支出值；$M$ 为枢纽划分的开发区域数；$N$ 为区域总开发期数；（$P/F$，$i$，$n$）为现值因子。

（3）资金平衡的动态调整。枢纽区域的建设处于一个不断发展变化的环境中，当资金获取与使用的内外条件发生改变时，应能够对资金运作系统进行动态调整与控制，以实现建设与运营资金的再平衡。从资金链管理的安全性和盈利性的角度出发，需要从资金的总量、资金结构和资金周转周期等方面对资金平衡系统进行调整。





**3. 案例分析——上海虹桥综合交通枢纽项目**

（1）项目概况：上海虹桥综合交通枢纽项目位于虹桥机场西侧，是一个集中了各种交通功能、商业功能的综合性交通枢纽。虹桥枢纽交通设施于 2010 年上海世界博览会前建成运营，整体开发时间为 10 年。虹桥枢纽区域开发建设具有大规模性、长期性、综合性等特征，投资数额巨大，在土地储备机制下，需利用土地资源及商业设施的开发来补偿枢纽建设与运营所需资金。现利用前述资金平衡方法及模型，对上海虹桥综合交通枢纽资金平衡进行分析计算。

（2）虹桥枢纽资金平衡核算

①虹桥综合交通枢纽资金平衡的目标为：有足够的收入来平衡

项目建设和运营成本，即在能够回收项目资本金、归还银行贷款和其他融资费用的基础上，实现项目收益最大化。

②虹桥枢纽收入与支出清单分析

输入资金主要包括以下几类：

a. 项目资本金：上海申虹投资发展有限公司（以下简称“申虹公司”）的注册资金为 50 亿元人民币，不计利息。

b. 银行贷款：主要是各大商业银行的贷款。

c. 设施运营收入：2010 年 3 月虹桥枢纽投入运营，根据测算，其商业设施运营的年收入约为 8.71 亿元人民币。

d. 土地及项目开发收益：以招标、拍卖、挂牌方式出让土地及进行项目开发所获得的收益。经计算，约为 430.53 亿元人民币。

输出资金主要包括以下几类：

a. 工程建设费用：在枢纽设施建设投资中，由申虹公司投资建设的部分，合计约 322.93 亿元人民币。

b. 土地配套和动迁费用：包括征地动迁成本、相关税费、土地整理及管理费和财务成本等。待出让的储备土地面积为 3665 亩（约 244 万平方米）。根据实际发生的费用，计算得每亩土地的静态储备成本为 139.8 万元，合计待开发土地储备费用为 51.2 亿元。

c. 贷款利息：按中国人民银行公布的基准利率计算。

d. 设施运营维护费用：根据测算，虹桥枢纽年运行管理费用约 5.05 亿元。

由于土地储备费用和工程建设费用及设施运营维护费用相对于贷款利息金额较大，为了简化计算，本书对于贷款利息项支出不作具体计算分析。

（3）平衡计算：将输入资金与输出资金各项数值分别代入资金平衡模型公式，其中，基准利率 $i$ 取 *GDP* 年增长率 8%，计算可得虹桥枢纽开发建设资金收入与支出差值为 52.78 亿元人民币。

（4）结果分析：由上述计算结果可见，上海虹桥综合交通枢纽开发项目整体现值为 52.78 亿元人民币，枢纽区域工程的收支平衡能力较强，枢纽项目公司能够获得较大的经济效益。需要明确的是，在土地储备机制下，不同的土地及项目开发模式会产生不同的收益，进而对枢纽资金平衡产生一定的影响。因此，枢纽区域土地及项目开发模式的选择也至关重要。

## 6.6 综合交通枢纽运营管理模式策划

### 6.6.1 综合交通枢纽地下空间功能布局模式分析

#### 1. 功能布局模式评定

随着对地下空间开发的逐渐深入，人们开始意识到，地下空间在解决城市交通问题、改善城市环境和节约土地方面有一定的优势。因此，地方政府及企业尝试通过建设地铁、地下道路和地下停车库来解决地上交通矛盾；将商业、餐饮与文娱设施转入地下来提高经济效益等。在这样的背景下，地下空间的开发逐步趋于规模化与多样化。

随着这一趋势的加剧，地下浅层空间竞争日益激烈。为解决这一矛盾，合理地配置地下有限的空间资源显得十分重要。所以，在规划设计过程中，要以解决交通疏散问题为原则，以创造舒适的城市环境为前提，以提高经济效益和节约开发成本为重点，结合枢纽所在区域的场地、社会和人文等因素，确定枢纽地下空间所需的设施以及设施的重要程度，进而指导设施的合理配置。

#### 2. 评定原则

综合交通枢纽地下空间建设限制条件、枢纽本身功能性质的差别，决定了地下空间规划模式的差异。因此在进行模式界定时，要遵循一定的原则。

（1）全面性原则：在场地、人文、经济等外界条件允许的前提下，总结出涵盖最为全面的设施配置，概括出周全的空间配置模式。

（2）科学性原则：科学客观地反映被评价对象的规划设计模式。

（3）可操作性原则：总结出的研究模式在理论研究和实际应用中具有可行性和有效性。

（4）侧重性原则：针对枢纽自身情况，应具体问题具体分析，在不可能满足所有功能设施开发的前提下，需以全面客观的态度，有侧重地选择功能设施开发，做到合理取舍。

（5）独立性原则：各种模式应避免重复，各模式类型应相对独立。

（6）对应性原则：根据地面功能空间性质的不同发展相适宜的地下设施，尽可能做到地上、地下功能协调互补，形成有机整体。

### 3. 评定依据

针对枢纽地下空间开发需求、开发强度、开发深度以及内部交通换乘方式的不同，提出了综合交通枢纽地下空间功能布局模式。具体的评价依据可以从三个方面进行：经济效益、社会效益以及环境效益。这三方面又涵盖若干个分支评价标准，可更加具体、细致地反映地下设施的属性。各分支评价标准具体为：

（1）经济效益：设施盈利能力和经济带动效益。

（2）社会效益：节省城市用地，缓解交通拥堵，节约能源。

（3）环境效益：城市景观保护和城市环境保护。

## 6.6.2 案例分析

### 1. 模式一：铁路客运站（货运站）地下化——以法兰克福火车站为例

（1）案例概况：在欧洲，法兰克福火车站是最大的火车站之一，其连接了 20 多条地面轨道和 10 多条地铁及轻轨，成为法兰克福地区轨道交通的交会点。火车站街区之外是一个货运站，因设计年限较早，在规划中没有考虑集约化的建设，铁轨与货物集散平台占用了不少土地资源。由于枢纽建设时对城市未来规划考虑不足，才会将规模较大的火车站引入城区内部，引发了诸多交通不便。在 20 世纪末，相关政府部门为处理好交通运输与城市发展的问题，委托 AS&P 公司对原有火车站进行改造建设，旨在解决交通问题的同时，提升车站周边地块额外使用价值。针对这一要求，公司在设计上作出大胆设想，将整个火车站规划到深达 20 米的地下空间中，以此来调整与完善原有的城市空间结构。

（2）功能布局：改建后，具有历史价值的站前广场与车站顶棚被保留下来，站前广场上的主体建筑仍然是整个车站的主入口，弧形顶棚下新建了一条商业街，与地下铁路通过走廊相连接。在枢纽新开发的这一地下空间周围，环绕着长约 2000 米的 3 层楼建筑，规划极为壮观。

（3）地下空间设计特点：当城市枢纽被引入地下后，原车站所在地被规划成了一个中心公园。整个公园采用了浪漫主义手法来修建植被，为整个枢纽区域营造了独特的氛围。在整个规划中，围绕公园的住宅建筑和两栋高层办公楼在空间组合上取得平衡，使得这块用地在完善交通的同时，获得了较高的经济效益。

在改造过程中，货运站被全部拆除，其功能被一些地下设施取代。这样就为城市增加了70公顷的发展用地。由于货运站临近欧洲最大的贸易中心，所以考虑修建一条林荫大道来联系彼此，同时道路两旁将规划建设办公与住宅建筑。整个林荫大道将植物与水体完美地结合在一起，创造出了优美的景观环境。

此种模式主要应用于早期对城市发展规划估计错误而建设成的旧城区枢纽。此类枢纽建设的初衷是方便客流和货流运输，从而将枢纽站建设在城市边缘地区。但随着后期城市迅速发展与城市人口的急速膨胀，原本位于城市边缘区域的枢纽站逐渐被不断扩大的城市空间包围；加之枢纽客运、货运密度不断增大，但枢纽用地却逐渐紧张，铁路网络不易迁移，最终造成交通拥堵、城市宜居性变差、环境恶化等大量城市问题。面对此类局面，不少城市设计师考虑应用立体化的交通方式来重组枢纽与城市的关系，解决早期交通设施布局不合理所带来的问题。

（4）总结。此类模式主要适用的范围有：①位于城市中心密集区，为改善市民生活质量，增加广场、公园等绿化场所，可将枢纽进行地下化改建。②当城区枢纽阻碍城市未来的扩充与发展，将城市割裂成两个或多个组团而彼此缺乏联系时，考虑枢纽地下化建设。③城市枢纽自身发展前景较差，无法通过进一步扩建来满足日益增加的需求，在不能满足疏散要求时，考虑向地下空间求发展。④有一定地理条件可以让枢纽设施地下化，当地下无河流、重要基础设施等穿越时，才可以实现地下开发工作。





**2. 模式二：地下空间平面布局——以北京南站为例**

（1）案例概况：北京南站为英国著名建筑设计师泰瑞·法瑞所设计，枢纽总占地面积为49.92公顷，总建筑面积为42公顷，其中站房主体建筑面积为25.22公顷，车站站台雨棚投影面积为7.1公顷。北京南站从区域定位来看，既是北京市南侧的城市门户，又是京津城际、京沪高速铁路的起点。作为我国高标准现代化的大型综合交通枢纽，其涵盖的对外交通方式有普铁、高铁与城际铁路等，对内交通涉及地铁4号线与14号线以及市内公交车、客运出租以及私家车等。在建筑规划上，解决了枢纽场站斜向布置与北京方格城市格局的矛盾，为今后枢纽区域的规划带来了崭新的发展前景。

（2）功能布局：北京南站站房交通体系复杂。为合理地布置交通流线与功能空间，建筑被分为了地上两层和地下三层。

北京南站采用“高架候车”的设计手段，在地上二层设置了火车站候车大厅。候车空间被分为“普速”“高速”和“城际”等独立的候车区。在四角设置了方便旅客购票、商务和商业的服务性综合楼。地面一层为站台层，中央布置有 13 个站台和 24 条轨道线路，承担着南站重要的铁路运输业务。乘坐公交车抵达枢纽的旅客可在站房的南北面下车进站。

地下一层是整个枢纽的换乘中心与旅客出站系统，旅客在此可以方便地搭乘出租车、公交车和地铁等交通工具。地铁 4 号线与 14 号线分别穿过地下二层和三层，两者之间设有电梯，实现了台对台换乘。两条地铁线路在地下一层中央位置实现共用站厅，此站厅同时也是高铁与地铁的换乘大厅。在整个建筑设计上，南站利用立体的竖向交通将几种交通方式合理整合，让人流流线更加顺畅，实现了建筑内部空间范围内的零距离换乘。

结合旅客进出站流线，站内的公共服务类设施主要位于人口密集区域，例如地下一层的中央换乘大厅周边、高架层的进站厅等。在这些位置处，餐饮与文娱设施结合商业店铺集中布置。为减轻旅客旅途中的劳顿，缓解候车时的焦虑心情，将咖啡厅、茶室等休闲餐饮场所设置在了高架候车区。

（3）交通组织特点：北京南站设计中的突破点是注重轨道与站点的网络化布局方式；摒弃枢纽建设常规的景观、形体空间组织方式，强调枢纽综合换乘的交通组织方式；在规划上从水平延伸的开发方式转向地上、地下一体化的立体开发方式；从重视小汽车流线组织转变为注重应用慢行交通方式。

（4）总结：此模式在规划上将铁路轨道与铁路场站主体建于地下，将地面空间置换成广场或公园，从而实现了整合城市空间的目的。所以，枢纽平面规划内容多为地下空间，各项设施在平面布置中的设计重点如下：

①地下交通类设施：地铁和地下公交车等的建设需便于铁路客流的疏散与换乘，因此地铁车站、地下公交车站与铁路场站集中布置，形成零换乘模式，并通过地下道路衔接地面道路，可与其他城市交通枢纽形成远途联系。地下停车库在平面上环绕主要的枢纽建筑主体，结合地下交通设施与周边商业用房进行布置。地下步道多以衔接通道的形式存在，实现了铁路接驳地下其他交通设施和地下商业等。

②地下公共服务类设施：此类设施存在于地下交通场站内，成点式或者“回”字式布置，或者与衔接步道结合形成条式或辐射式布置形式；而环绕枢纽核心区的写字楼、酒店等建筑的地下空间还可发展枢纽附增商业，提高经济效益。

### 3. 模式三：地下空间竖向布局——以香港地区西九龙站为例

（1）案例概括：香港西九龙站是香港机场铁路沿线上规模最大的火车站。枢纽衔接香港的心脏地带与赤鱲角新机场，因此被看成机场在市中心的延伸部分，成为西九龙一个核心的综合交通枢纽。枢纽的发展规划中还包括 110 公顷的酒店、写字楼、商业及住宅空间，这些功能空间位于枢纽之上，环绕一个主广场，而主广场的中央即为枢纽站的入口。所有的地上地下城市公共空间组成了一个三维立体格局。

（2）功能布局：为了将枢纽融入香港西九龙地区的城市结构中，规划者细致研究，针对城市的开发特点、建筑格局以及交通方式，从步行网络与车行系统两方面出发，合理规划了该建筑群的布局形式。其中，建筑群的地上二、三层被组织为步行网络系统，充分做到人车分流。三层屋顶平面为室外活动平台，被设计为联系写字楼与住宅的步行广场。该区域地面层为巴士交通换乘站，地下一层至三层布置地铁，停车场分布于地下四层到地上三层，主要满足居住人口、商户、乘客等人流的需求。

（3）主要特点：枢纽不仅在建筑（建筑群）内部空间范围内实现了交通与其他功能空间（包括餐饮、商业、办公或居住等功能空间）的紧密结合，统一规划，同时枢纽与周边城市功能有机地结合成一个整体，在统筹规划与综合设计下，两者之间不存在明显的界限，最终实现了和谐统一的可持续发展。

（4）总结：

①这种模式存在两种应用方式：若为建筑群体，其所有的交通换乘活动都将集中于建筑群内部空间范围内。地面及地下层可布置公共交通、道路及停车场等设施，同时地上、地下空间将联系紧密，形成一个无缝衔接的步行网络系统；而各类建筑分类建设在交通枢纽核心之上，与同楼层平台的步行网络形成联系，旅客可以通过周围建筑直接进入枢纽站点，枢纽与周边城市功能不具有明显的界限。若为建筑单体，则形成一个较大型的建筑综合体，其所有交通换乘活动主要集中于建筑内部空间范围内。商业、餐饮、酒店或写字楼等也可与交通枢纽核心结合建设，可分布于建筑的地上、地面和地下空间。旅客可通过广场、绿地等城市功能空间进入枢纽建筑中。

②该模式下的平面布局：该模式在枢纽的平面规划中需考虑地上、地下一体化交通换乘的发展，因此地下空间的发展不是交通建筑个体的发展，而是需要从城市整体的角度作出规划分析。由于这种模式的开发程度高，所以地下空间在规划设计上需要从设备、停

车、办公、商业、仓储等众多方面综合考虑，进行集约型的高度开发。因此，各个设施在地下空间平面布置上的重点为：

a. 地下交通类设施：此类模式下的地下交通主要以地铁为主，而铁路、航空等交通方式可综合发展，也可单一发展。其与地铁的衔接多是竖向不同层次上的转换。公交场站可设置于地面层或地下一层，与地铁通过换乘大厅衔接。地下停车库若建设在建筑群中，可考虑地上、地下结合建设几层立体化的停车库，形成集中停车，保证停车场地具有便捷的可达性。建筑群的地下步道存在地下过街横道和步行衔接通道两种，地上二层及以上可发展网络化的地上步行系统。而建筑体的地下步道多以衔接步道为主，提供各空间换乘的步行通道。

b. 地下公共服务类设施：建筑群内地下公共服务设施可与地下步道结合为地下街形式，也可与交通站点结合发展场站内商业。而建筑空间范围内的公共服务设施多发展站点内商业，因此商业集中性高，可成片布置。

③该模式下的竖向布局：此模式在竖向布置上属于完全附建于建筑（建筑群）内部空间范围内，其地下空间的开发方式一般采用基坑开挖方式。随着地下开挖深度的增加，建筑的成本造价将会成倍提高。考虑到在地上开发功能空间的便利性，此模式的开发深度多集中于浅层空间。由于此模式多处于交通、商业和商务等活动密集区，所以地下空间的开发需要与交通、地下步行系统、公共服务设施等方面的建设相结合来提高生活或出行质量。建筑（建筑群）地下空间每层布置的设施没有硬性指标，存在一般规律性。

地下一层：选择布设需要长时间停留的设施，如地铁站厅、地下停车区、公共服务区、地下步道、地下管理办公区等设施。在空间允许的情况下可考虑其他设施的建设。

地下二层：主要布设地铁站台、停车场、建筑设备和仓储间等设施。

地下三层：部分枢纽由地下两条地铁线路接驳，可考虑发展地铁站台，实现与另一条地铁线路的衔接。

当地面设置为大型综合枢纽建筑时，考虑以铁路、航空等交通方式为主体。依托这些，在一、二层布置站内公共服务设施，同时在一层设置公交车、长途汽车场站，方便市内、市外交通衔接。地上三层及以上可集中发展公共服务设施、写字楼和酒店等功能空间，以满足枢纽旅客的日常需求。当地面设置为综合枢纽建筑群时，以车站、机场等交通设施为中心，可环绕交通核心布置的地面建筑有办公写字楼、居住区、酒店和商场等。在一层建立车行系统，因此一层主要布置铁路、公交车站、长途车枢纽和停车库等交通设施，只建设少量的人行步道与公共服务设施以服务交通空间。二层及以上为步行系统，建设高架步行系统来联系地面各类建筑，形成空中步行网络，网络中可包括步道、广场和空中花园等空间形式。地面以上的停车库可采取立体停车的模式，临近写字楼、住宅区、商业区等需要大面积停车空间的建筑。在这种模式中，一般在地上空间布置中高端公共服务设施，而在地下空间布置中低端公共服务设施。

#### 4. 三种基本模式比较

综合交通枢纽地下空间功能布局的三种基本模式基本可应用于各类枢纽，以解决规划建设过程中的不同难题，完成城市枢纽联系市内、市外的任务，合理地实现各交通方式之间的换乘。不同的城市综合交通枢纽可根据不同的开发特点、适用范围以及开发程度等条件，来选择不同的模式。三种模式的不同之处可从表 6–4 中得出。

从表 6–4 中可以看出，三种基本模式都存在不同的开发特点与适用范围，有针对性地解决了不同的城市枢纽开发问题。其中模式二是今后城市枢纽发展的方向，原因在于它不仅可以满足多种交通方式地上、地下一体化的换乘，有效缩短了换乘时间与距离，而且可以与周边城市功能实现和谐过渡、有机结合，满足今后城市的发展需求，实现整个城市空间的可持续发展。但正是由于其地上、地下开发程度最高，各功能空间过于密集，交通换乘流线设计复杂，因此有较高的设计要求与技术需求。





**表 6–4　三种模式对比**

| 分类 | 开发特点与适用范围 | 解决问题 | 涉及范畴 | 地下开发程度 | 地上开发程度 | 地下开发是否在内部范围内 |
|---|---|---|---|---|---|---|
| 模式一 | 旧城区枢纽地下化，增加广场、绿化面积，提高城市宜居性的老城区 | 城市规划，枢纽未来发展 | 建筑体 | 较高 | 低 | — |
| 模式二 | 建筑（建筑群）内部空间范围内实现地上、地下一体化交通换乘，与周边城市功能有机结合 | 节约土地资源，实现零换乘 | 建筑体、建筑群 | 高 | 高 | 是 |
| 模式三 | 通过地下大厅或通道实现枢纽站点与道路、广场（绿化）地下交通方式换乘 | 规划不同步，管理不协调，资金不到位 | 建筑体 | 中 | 中 | 否 |

### 6.6.3　综合交通枢纽运营管理模式的研究

1. 国外综合交通枢纽运营管理

国外城市综合交通枢纽的建设与运营管理模式大致可以归纳为欧美模式和东南亚模式（见表 6–5）。欧美发达国家大部分采用国家所有、国家垄断的经营模式；东南亚国家多借助私人资本和多元融资渠道，采用公司混合模式进行交通枢纽的建设和运营。

表 6–5　国外综合交通枢纽管理模式汇总

| 项目 / 模式 | 国家或城市 | 资金来源 | 运营管理主体 | 优点 | 缺点 |
| --- | --- | --- | --- | --- | --- |
| 政府建设 / 政府垄断经营 | 伦敦、纽约、巴黎、 | 中央和地方各级政府拨款及政府补贴 | 当地政府下属企业直接管理 | 体现轨道交通的福利性；政府直接控制轨道交通票价 | 没有市场竞争，效率低；政府财政压力大 |
| 政府建设、政府非垄断经营 | 首尔 | 各级政府拨款 / 发行公司债券 | 多家国有公司进行竞争性经营 | 体现轨道交通的福利性；竞争性的存在有助于提高服务水平 | 政府直接控制下的管理模式，政府干预过多，可能存在效率低下等问题 |
| 政府投资 / 私人运营 | 新加坡 | 政府承担建设费用，拥有项目资产所有权，同时制定运营水平指标和运输规则 | 商业化上市公司运营，政府只作为股东，不干涉运营 | 把市场机制引入轨道交通的运营管理中，既有竞争又可以实现市场化的盈利，政府财政压力小 | 有时不能很好地反映轨道交通的福利性 |
| 私人合作建设与运营 | 东京 | 政府拨款、商业贷款、民间投资交通债券等多元化投资 | 私人公司进行运营管理，但政府保留对运营公司高层领导的任免权 | 同时体现福利性和商业性 | 难以分清产权，利益分配复杂，内部矛盾多 |
| 私人建设 / 私人运营 | 曼谷 | 完全私人投资 | 私人公司运营管理 | 政府完全没有风险和财政压力；充分激发私人投资者的兴趣，严格控制运营成本 | 在票价和路线安排上有较多矛盾，政府难以保证轨道交通公共福利事业的性质 |

### 2. 国内综合交通枢纽管理的主要模式

根据国内综合交通枢纽的特点和功能划分，其管理模式主要有以下三种：分散式管理、一元化管理和一体化管理。

（1）分散式管理模式指的是枢纽内多种不同的交通方式按照其专业化的范畴和特性，按传统的管理模式分块划分管理区域，根据其划分的界限分别进行管理，各负其责。

（2）一元化管理模式是指将整个枢纽管理区域视为一个整体，不区分专业、不区分功能地进行全方位管理。

（3）一体化管理模式是指在明确“专业化管理”的基础上，对枢纽内公共部分实行“一体化统筹”管理。

每一种管理模式都有其优缺点。应根据其优缺点和城市的实际情况，科学合理地制定出相应的管理策略。具体优缺点见表 6–6。



**表 6–6　三模式优缺点汇总**

| | 分散式管理模式 | 一元化管理模式 | 一体化管理模式 |
|---|---|---|---|
| 优点 | 管理范围和职责清晰明确；各交通方式实现专业化管理；有利于降低管理成本 | 管理职责明确，有利于监督管理；可以统一协调、统一调度、统一指挥；有利于更好地进行统一规划和取得好的经济效益 | 管理职责明确，有利于监督管理；有利于统一协调、统一调度、统一指挥；有利于服务顾客，提升枢纽的服务水平 |
| 缺点 | 需要协调处理的事项多、难度大；提供的服务存在局限性；相互协调难度大，应急反应迟缓 | 弱化了专业管理；协调性高但管理难度大；收益方面较复杂，不利于枢纽管理成本的核算和控制 | 过度依赖城市交通运输委员会对枢纽统筹主体公司的监督和考核；运营管理存在交叉区域，必须通过协调和协商的方式解决 |



### 3. 国内综合交通枢纽运营管理存在的主要问题

（1）存在多个运营管理主体，缺乏统一的组织协调和管理部门。在我国目前的交通部门管理体制下，每种交通设施通常由相应的投资者来投资建设，导致综合交通枢纽存在多个运营管理主体，缺乏一个统一的组织协调和管理部门。

（2）各管理主体既存在共同的利益目标，也存在互相冲突的利益目标。外部因素可能带来各成员目标的多样化，这势必动摇各成员合作的前提，使各方产生冲突。

（3）各运输方式之间缺乏配合与协调。各运营管理主体只负责管理好各自的范围即可，对需要共同管理的部分和需要协调配合的事项，他们会根据各自的利益分配情况选择配合或不配合。这很可能影响整个枢纽的运行效率，不能很好地为乘客服务。

（4）各个组织或管理主体之间的信息沟通、共享不充分，会影响管理主体之间的协作效果和效率，进而对枢纽的正常运营造成不利影响。解决这一问题的关键在于在划分各个运营管理主体的管理界面的基础上，建立科学合理的运营管理模式，使各运营管理主体能够共同为枢纽的安全、高效运营而努力协作。

**4. 实例分析**

某市综合交通枢纽包含了铁路、轨道、口岸、公交场站及长途场站等诸多项目，与周边土地利用也关系紧密。在枢纽规划设计及建设过程中，不仅仅是把多种交通方式在空间上简单地组合在一起，还要考虑到乘客的换乘便捷性以及各种资源的优化和整合。经过研究和比较，建议该市综合交通枢纽运营管理采用一体化管理模式（见图 6-13）。

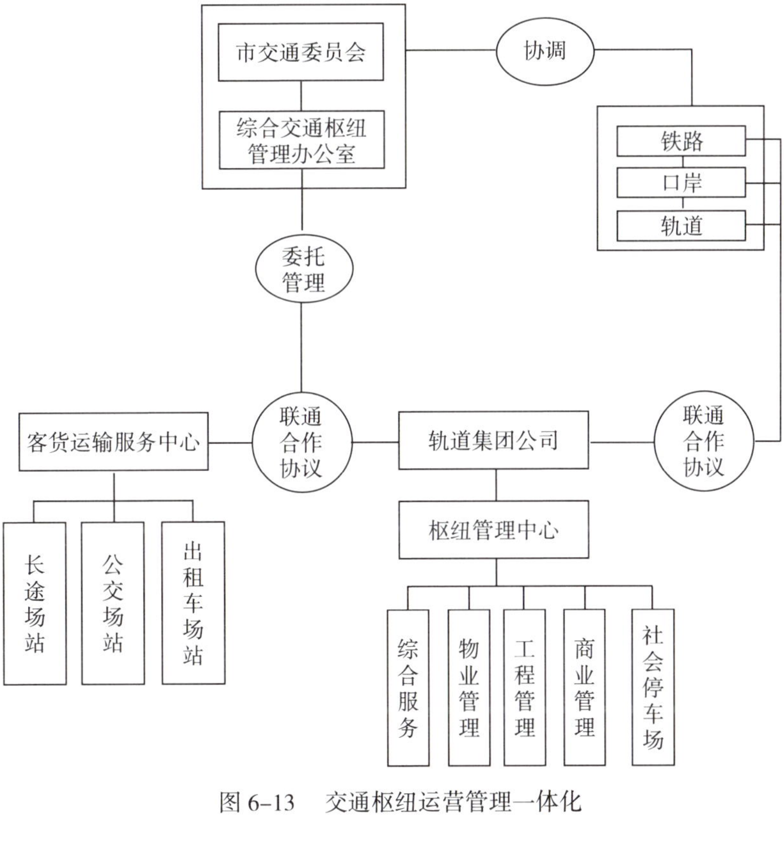


图 6-13　交通枢纽运营管理一体化

（1）交通运输委员会作为政府资产产权的代表，主要负责制定枢纽和场站等交通公用设施的养护监管标准、制度，组织协调招投标工作，指导、协调、监督各交通运输局的养护监管工作。交通运输委员会下设枢纽管理办公室对枢纽事务进行管理。

（2）建议由建设单位轨道集团公司负责统筹管理，有利于从建设阶段平稳过渡到运营阶段，使枢纽的运营管理具有连续性。

（3）成立对内、对外的服务和后勤保障部门，并在枢纽内建立统一的信息发布平台，综合发布枢纽区域内各专业公司的乘客服务及其他公共服务信息。

（4）轨道集团公司与铁路车站、口岸办公室和不同轨道交通线路车站签订联通合作协议，在协议内明确各方管理的分界点，各方的权利和义务，紧急情况下的联系和合作机制，公用设施造成的水电费用、维修费用的分摊办法等。

（5）枢纽内的长途汽车客运站、公交场站、出租车场站由城市交通运输委员会直接与客货运输服务中心签订委托管理协议，客货运输服务中心再与轨道集团公司签署联通合作协议，由轨道公司负责对长途汽车客运站、公交场站、出租车场站的保安保洁、水电缴纳等进行统一管理。

# 第7章

# 济南东站枢纽站前商业策划


7.1 济南东站片区功能分析

7.1.1 研究方法

7.1.2 商务部分调研与分析

7.1.3 商业部分调研与分析

7.1.4 文化旅游部分调研与分析

7.1.5 公共服务部分调研与分析

7.2 站前开发策划

7.2.1 板块一：城市休闲

7.2.2 板块二：综合服务平台

7.2.3 整体布局建议

7.3 开发策略实施

7.3.1 开发策略

7.3.2 开发时序

7.3.3 开发模式建议

7.4 站前开发方案及调整建议


## 7.1 济南东站片区功能分析

### 7.1.1 研究方法

分析济南东站片区功能的主要思路是：功能方向—细分功能—相关企业需求。

1. 根据功能方向进行细分功能筛选

一般来说，枢纽片区的商务功能主要包括商贸物流、金融保险、创新服务、高新技术研发、会议会展、文化传媒等。细分功能后，对济南站、济南西站旅客以及周围居民需求进行调研，为济南东站商业功能、公共服务功能的设计提供依据。调研情况见表 7–1 和表 7–2。

表 7–1　对车站旅客需求的调研

| 调研地点 | 抽样范围 | 针对人群 | 问卷数量（份） |
| --- | --- | --- | --- |
| 济南站 | 出发——候车厅；<br>到达——出口出租车等候处 | 高铁客群 | 200 |
| 济南西站 | 出发——候车厅；<br>到达——出口出租车等候处 | 高铁客群 | 100 |
| 东部新城<br>主要居住小区 | 小区出入口及主要街道 | 常住居民 | 200 |

表 7–2　对周边消费者需求的调研

| 类型 | 主要关注点 |
| --- | --- |
| 特色商业 | 济南主要商圈特征、消费习惯、对本片区商业的看法 |
| 文旅商业 | 济南文旅商业发展特征、成功经验、对本片区的看法 |
| 房地产开发商 | 购房者特征、新区楼盘的核心驱动力、公共配套资源偏好、对本片区的看法 |





2. 对相关企业进行深度访谈，了解不同行业选址的核心要素

通过对 52 家企业进行访谈，了解企业选址的多方面影响因素，分析各类企业对本项目的意向，为本项目功能载体提供依据。

## 7.1.2　商务部分调研与分析

1. 商务办公市场

该片区写字楼市场整体供应量大，CBD、汉峪金谷是竞争激烈的热点片区，敏感性因素主要集中于价格、行业集聚度、对外形象等方面。总体来说，写字楼市场去化压力大；存量去化周期均超过 50 个月，其中奥体及高新区存量去化周期为 77 个月。济南主要办公板块供求情况如图 7–1 所示。

2. 商务服务市场

科技、金融、贸易等行业对技术支持、产品发布、专家及客户资源对接等配套服务有一定需求，但需求面较小；部分龙头企业更关注品牌及文化展等。

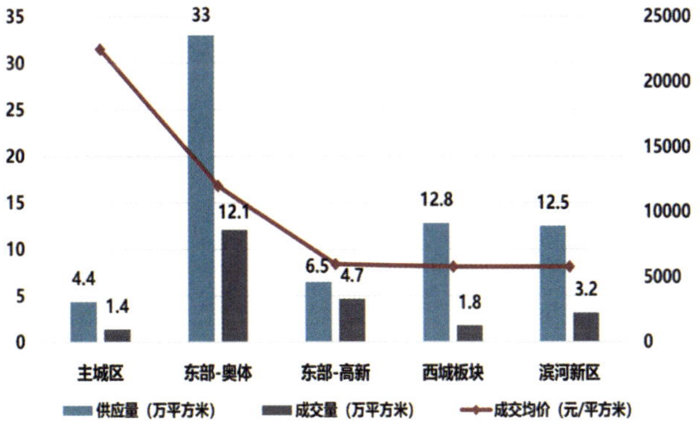


图 7-1　济南主要办公板块供求情况（2015 年）

### 7.1.3　商业部分调研与分析

1. 商业市场

总体来说，济南东部现有商业规模较小，不足以支撑东部人群的消费需求；万象城的建设将改善整体商业氛围，但本片区及周边仍缺乏具有一定规模和主题鲜明的特色商业。济南主要商圈见表 7-3。

表 7-3　济南主要商圈

| 主要商圈 | 能级 | 规模（万平方米） | 发展特征 | 代表项目 |
|---|---|---|---|---|
| 泉城路 | 市级 | 100 | 业态齐全<br>产品多样 | 世贸国际、恒隆广场 |
| 经四路 | 市级 | 20 | 中高端 | 万达广场、振华商厦、大观园 |
| 英雄山 | 区域 | 20 | 中端 | 鲁商广场 |
| 花园路 | 区域 | 20 | 中低端 | 大润发 |
| 泺口 | 市级 | 70 | 专业市场 | 缤纷五洲、泺口服装城 |
| 高新区 | 区域 | 50 | 中端、中高端 | 万达广场、丁豪广场、美莲广场 |
| CBD | 市级 | 预计 100 | 中高端 | 万象城、中弘广场 |
| 济南东站 | 区域 | — | 中端、中高端 | 恒大都市广场、万虹广场 |
| 济南西站 | 区域 | 预计 70 | 中端、中高端 | 宜家、奥特莱斯、印象济南・泉世界 |
| 唐冶 | 区域 | 预计 50 | 中端 | 首创奥特莱斯、鲁商银座 |

2. 商业服务

济南东站片区商业客群主要为高铁旅客和周边居民；高铁旅客以潍坊、青岛等地的商务客流为主；周边居民主要是片区未来导入人口，以东部产业从业者为主。客群基础调研情况如图 7-2 所示。

高铁旅客中的商务客群大部分只考虑在站房周边消费，特色餐

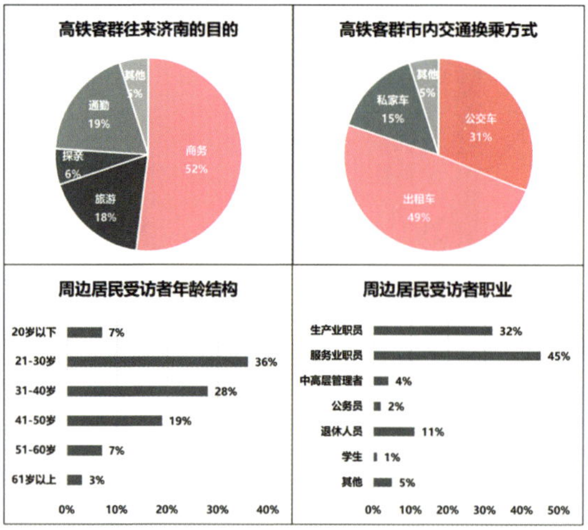


图 7–2　客群基础调研

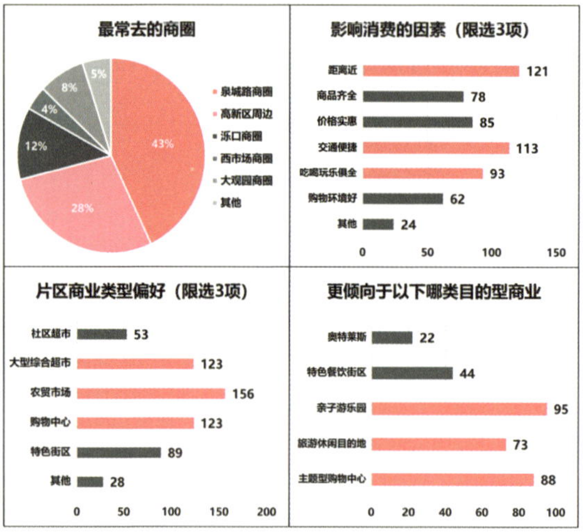


图 7–3　对本地居民的需求调研

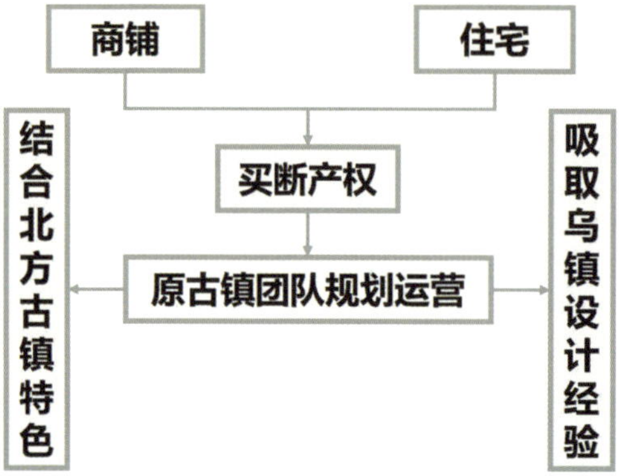


图 7–4　文旅运作思路

饮、购物中心有一定吸引力，对酒店的需求以精品酒店及经济酒店为主；消费特征为即时型；旅游客群在站房以外消费的比例较大，奥特莱斯、特色餐饮等有一定吸引力。

周边居民以日常消费需求为主，对生活配套类业态更为关注。对本地居民的需求调研如图 7–3 所示。

### 7.1.4　文化旅游部分调研与分析

济南旅游市场表现一般，消费总额远低于青岛；以泉、山等自然资源为核心的优势集中于市中心；郊区以游乐场为主，业态单一。

白泉在济南旅游资源中不具备独特性，且知名度不高，片区距离市中心有一定距离，无法将白泉作为核心资源加以利用，需要嫁接其他有牵引力的资源。

在文旅方面，可以借鉴北方小镇古北水镇的成功经验，其运用乌镇的运营团队，在开发初期就全资买断全部的商铺和住户，然后统一规划，统一设计，最后收到了不错的效果。文旅运作思路如图 7–4 所示。

### 7.1.5　公共服务部分调研与分析

价格是东部购房者最关注的因素，教育资源是购房者最看重的公共配套，其次是交通便利性，对医疗资源的关注度相对较低。东部购房者最关注的项目条件如图 7–5 所示。

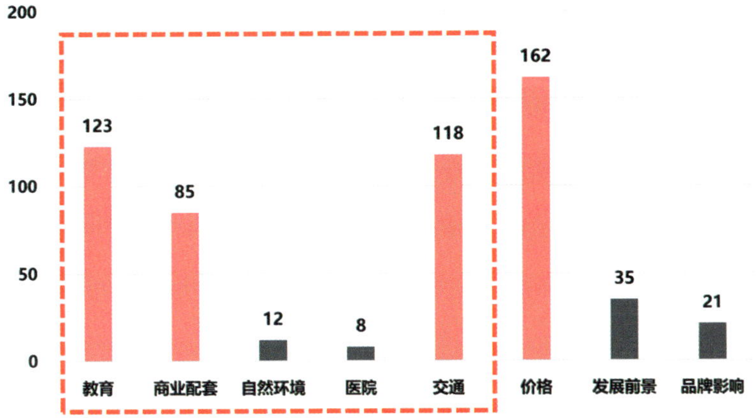


图 7-5　东部购房者最关注的项目条件

## 7.2　站前开发策划

### 7.2.1　板块一：城市休闲

休闲商业在初期作为核心驱动力，可配合休闲旅游，带动区域人口集聚，后续打造综合体验商业，构建济南东站片区都市休闲商业体系，促进城市发展。

#### 1. 文化休闲小镇

围绕白泉湿地建设养生休闲度假区，串联整合白泉区域和传统风貌区域。围绕水系建设特色商业休闲街区——泉城水街；依托传统风貌，建设中式特色生态居住片区。文化休闲小镇位置如图 7-6 所示。

（1）文化休闲小镇定位一：泉城水街

①泉眼水系两侧打造精品商业水街。

②以休闲美食、休闲酒吧、特色民宿为主业态。

③丰富传统风貌区的现代亲水体验。

其业态比例是：美食为 40%，休闲为 35%，民宿为 15%，零售为 10%。

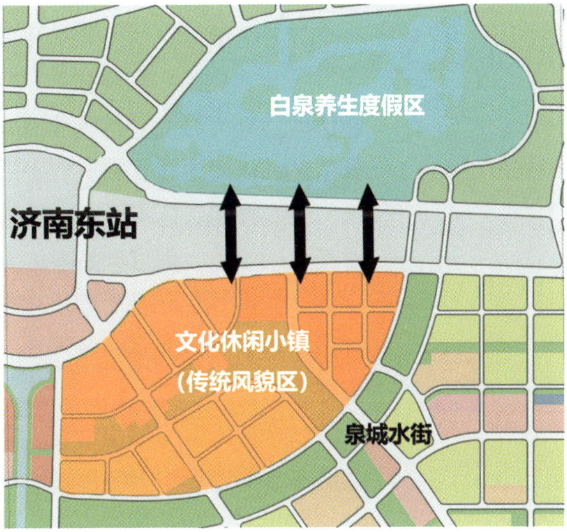


图 7-6　文化小镇

（2）文化休闲小镇定位二：雅致生活区

①总体定位：中高端低密度别墅群。

②客群：中高端消费客群。

③建筑特色：单体独栋中式别墅。

④建议单体面积：200~300 平方米。

⑤建议绿化率：55%。

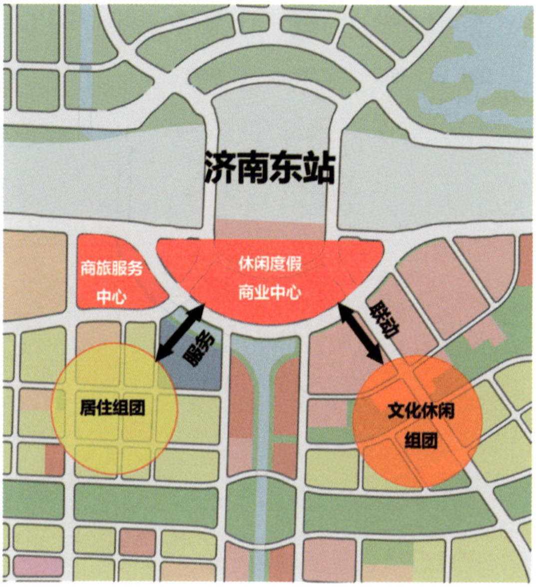


图 7–7　休闲商业组团

**2. 休闲商业组团**

围绕济南东站流动客群及未来中高端居住客群的消费需求，打造特色休闲度假商业中心，涵盖特色商业、酒店公寓等多种功能，通过与文化休闲板块的互动吸引客群。休闲商业组团区域如图 7–7 所示。

（1）休闲商业组团一：现代生活馆

涵盖商务交际、游逛休闲、聚友娱乐、演艺活动等功能，颠覆传统购物模式，构建全新社交、消费、购物方式，引领商业购物新潮流。

从目标客群的生活方式出发，设置相应的特色业态功能，满足不同人群的生活消费需求，同时构建一个多元生活社交场所。具体来说有五大类业态类型：

①艺术风尚：围绕艺术、文化、时尚主题，设置艺术展示、文化体验、潮流时尚等特色业态，同时利用公共空间展示艺术创意，营造艺术风尚主题氛围。

特色业态：艺术画廊、特色书店、快时尚街区、艺术主题餐厅、时尚休闲娱乐、创意产品零售等。

②生活休闲：基于周边客群的生活需求，打造生活休闲主题板块，涵盖家居生活、儿童零售、室内游乐等特色业态，主要服务于家庭客群。

特色业态：家居生活馆、儿童零售、儿童教育、亲子游乐、生活服务、美容养生、特色餐饮等。

③生态时尚：围绕生态主题，设置生态农场、生态体验、生态产品零售等特色业态，同时利用公共空间设计生态艺术空间，营造

生态主题氛围。

特色业态：生态体验农场、生态产品零售、生态有机餐厅、生态美容、生态有机超市等。

④科技体验：围绕科技体验主题，设置科技展销、互动体验、智慧购物等特色业态，同时利用智慧互联技术打造智慧购物场所。

特色业态：科技产品展示零售、科技体验场馆、科技主题餐厅等。

⑤运动健康：围绕商务人群的消费需求，打造以运动健康为主题的商业板块，设置运动健身、美容养生、健康管理等特色业态。

特色业态：健身休闲、运动主题餐饮、康体养生等。

（2）休闲商业组团二：休闲商业

特色业态：亲子游乐、休闲餐饮、度假酒店、精品购物。

（3）休闲商业组团三：精品酒店

①档次定位：中高端国际品牌。

②客群定位：片区及周边客群、旅游客群。

（4）休闲商业组团四：北广场国际商贸城

①核心发展优势：依托长途客运、公交客运、高铁、轨道交通等多位一体的交通枢纽，辐射周边城市及县区。

②总体定位：集市场经营、国际贸易、现代物流、电子商务、次级 CBD 于一体的大型综合性国际商务集群（见图 7–8）。

③发展门类：服装、小商品鞋帽百货、装饰建材、五金机电、食品土特产等。

④核心功能载体：商业中心、酒店、办公配套功能载体。

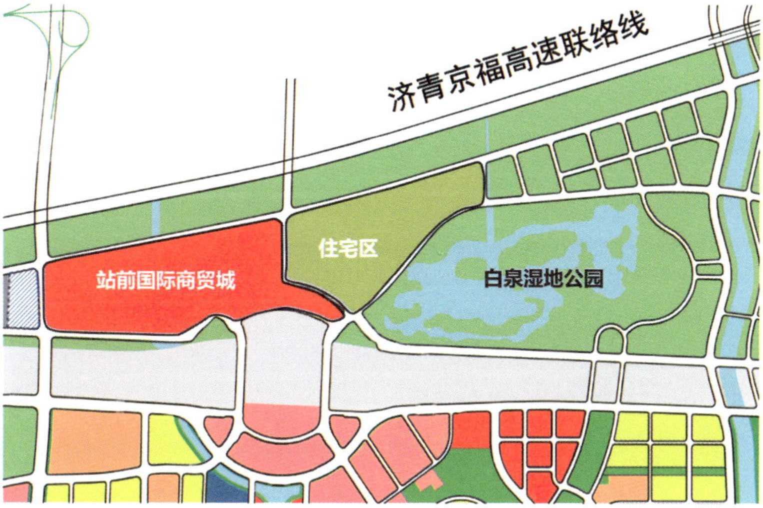


图 7–8　北广场国际商贸城

3. 生态居住组团

（1）总体定位：小高层生态居住社区。

（2）客群：首次置业者、投资客。

（3）建筑特色：小高层社区。

（4）建议户型面积：90~120 平方米，三居室。

（5）建议绿化率：40%。

（6）建议车位配比：1∶1.2。

（7）配套设施建议：

①引入医疗：可考虑引入国际诊所或合资医院，以优越的服务和环境满足高端人群的需求。

②引入学校：初期可考虑由政府投资创办双语学校，后期可考虑引入合资或海外独资，创办衔接国外学制的国际学校。

### 7.2.2　板块二：综合服务平台

综合服务平台主要是为北广场国际商贸城提供商务服务，包括订单管理、物流整合、信息平台等。本项目将打造省内、市间、区域间产业服务平台，与临空区、高新区、CBD、济北以及其他产业板块共同构建“1+4+N”的发展体系，如图 7–9 所示。

图 7–9　商贸服务核心

### 1. 商务功能空间布局

本项目商务功能将以“一轴四心”的形态进行布局，沿济南东站南侧主干道打造新城商务发展轴，并沿轴两侧布置四大商务核心功能区，如图 7-10 所示。

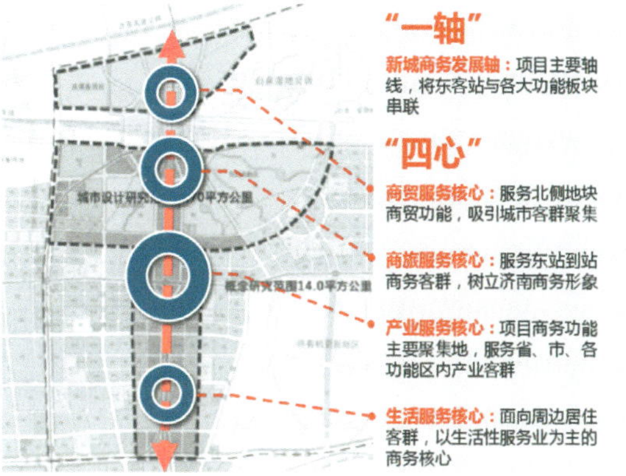


图 7-10 “一轴四心”

### 2. 商务客群定位

本项目的商务客群主要来自济南东站沿线的中小型城市和本市各产业聚集板块，客群定位如图 7-11 所示：

（1）市际、省际客群（经济南东站连接）

①客群来源：济南东站主要线路沿线城市商务、企业客群。

②客群特征：以跨区域贸易企业、制造企业商务人群为主。

③本项目功能：为其提供更优质的办公环境和当地无法给予的专业服务。

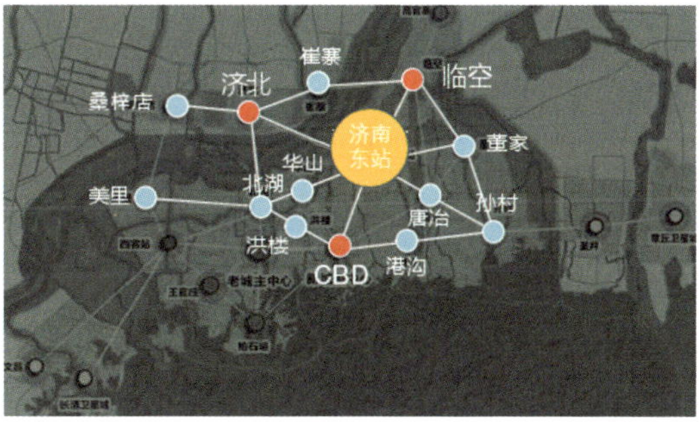


图 7-11 商务客群定位

（2）市内客群（周边产业板块）

①客群来源：济南东站周边产业聚集区。

②客群特征：CBD 难以提供的专一产业方向服务。

③本项目功能：聚焦生产性服务业，引入综合产业服务平台，为客群提供专业服务。

（3）新城发展轴定位

①新城商务发展轴：沿路两侧布置商务功能聚集区，塑造济南的一张“城市名片”。

②新城风貌展示轴：打造与华山—白泉交叉的中央绿带，树立生态新城风貌形象。

③新城产业示范轴：引入新产业、新业态，升级现有产业，形成新旧动能转化示范轴。

## 7.2.3 整体布局建议

济南东站是一个综合交通枢纽，要保证每个区域不同功能单元和谐布局；商业区位于较低楼层，办公区位于较高楼层，公用设施位于混合使用建筑物内。功能布局支持“短距离城市”[①]的原则。

## 7.3 开发策略实施

### 7.3.1 开发策略

（1）核心功能合作开发：在文旅休闲、特色商业等具备核心驱动力的部分引入专业运营商，合作开发，长期持有运营。

（2）居住功能品牌效应：完善基本配套，引入品牌开发商，提升片区价值。

（3）以点带面，片区拓展：适当拓展周边待开发区域，充分利用片区发展红利。

### 7.3.2 开发时序

要通过不同阶段的不同撬动点来促进整个区域发展，开发时序如图 7–12 所示。

（1）形象树立：快速导入流动人口。

（2）发展完善：导入中高端居住人口。

（3）成熟升级：导入中高端居住人口。

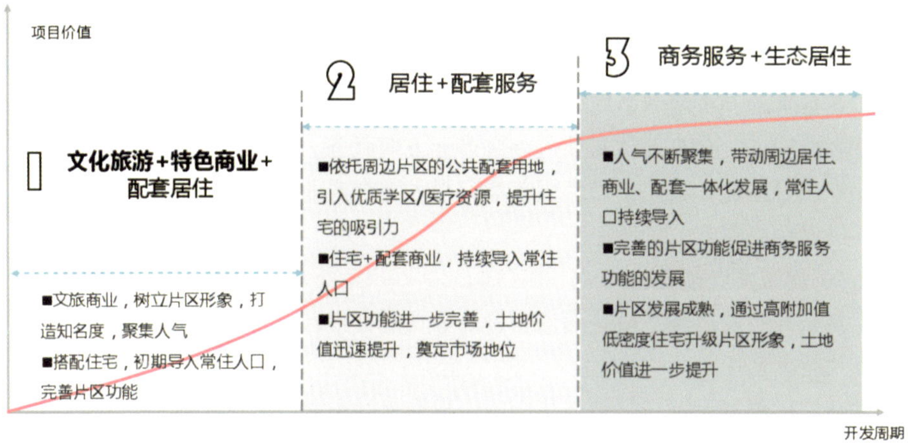


图 7–12　开发时序示意图

---

① “短距离城市”是可持续发展城市模式的一个概念，发源于德国城市规划的实践。该规划理念的核心是减少机动车的需求，在规划中尽可能地缩短居住、工作、供给、服务、休闲和教育地点之间的空间距离，从而为减少大量机动车出行创造了先决条件；同时在交通结构上，尽可能地给步行、自行车和公共短途客运交通分配更多的比例。

### 7.3.3 开发模式建议

**1. 模式一：一、二级互动**

以一级开发为主，配合二级开发，在文旅型特色业态中引入专业运营商，合作开发，长期持有运营，以获取持续收益。

**2. 模式二：PPP 模式**

片区基础设施、公共配套、大型休闲配套等可引入 PPP 模式，实现项目安全开发及运营。

## 7.4 站前开发方案及调整建议

济南东站南广场商业开发及商务办公区主要集中于地下一层（–11.5 米）至地上三层（5.0 米），其中东侧为酒店区，西侧为商务办公区，总计面积为 27119 平方米。其中，东侧酒店区域面积为 14918 平方米，客房总数为 180 间；西侧商务办公区面积为 12201 平方米。

首先是地下一层（–11.5 米）。地铁换乘层主要布置商业，商业业态以即时型业态为主，以旅游服务型、地方特色型业态为辅，满足高铁及城市综合交通换乘人群的消费需求。

除部分主力店外，在商业主动线上的零售商铺面积不宜过大，柱距控制在 9~12 米，进深控制在 8 米左右。

其次是 –7.5 米层。西翼为集中的商品展示发布空间，并跨界发展咖啡、特色餐饮；东翼北侧业态为酒店大堂、内部配套及部分客房；南侧业态主要为酒店、展贸区，设置大中型餐饮、零售等业态。

配套商业的餐饮业态以满足商务需求为主，主要为大中型餐饮，需要预留燃气、排烟、排污管道等，以满足餐饮要求。

最后是地上层。西翼为航站楼和商品展示发布区，东翼为酒店客房。

展贸区可利用便捷的交通优势，为企业打造一个产品长期展示和体验的空间，新品发布空间主要需求与普通商铺相近，商业排布可参考上海世贸商城，集展示、贸易、办公于一体，需求展示空间面积为 70~300 平方米。

配套商业的餐饮业态以满足商务需求为主，主要为大中型餐饮，需要预留燃气、排烟、排污管道等，以满足餐饮要求。南广场商业开发布置及商业开发面积如图 7–13、表 7–4 所示。

建议整体开发地下空间，改造传统风貌区部分用地，连通白泉与片区，适当降低南侧商业用地开发强度。主要调整如图 7-14 所示。

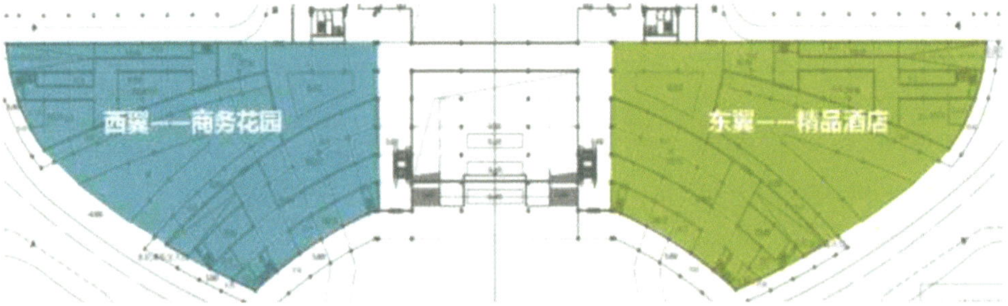


| 西翼发展方向 | 展示贸易 | 城市航站楼 | 东翼发展方向 | 精品酒店 | 商业配套 |
|---|---|---|---|---|---|
| 功能 / 档次 | 科技、创新型产品展示发布 | 综合候机厅 | 功能 / 档次 | 国际中端品牌 | 中高端商务休闲餐饮配套 |
| 服务客群 | 出发及到达枢纽的商旅人群 | | 服务客群 | 出发及到达枢纽的商旅人群 | 满足站房两翼内其他功能的消费需求 |

图 7-13　南广场商业开发布置

**表 7-4　南广场商业开发面积统计**

| | 东侧 | | 西侧 |
|---|---|---|---|
| | 酒店(商业)(平方米) | 酒店房间数(间) | 商务办公(平方米) |
| 地下一层(-11.50 米) | 1388 | — | 1138 |
| 一层(-7.50 米) | 3820 | 41 | 3820 |
| 一层夹层(-3.5 米) | 3477 | 48 | 0 |
| 二层(0.0 米) | 4130 | 54 | 4130 |
| 三层(5.0 米) | 2113 | 37 | 2113 |
| 合计 | 14928 | 180 | 11201 |

图 7–14　四大主要调整方向

# 后　记

作为山东省内首个大型综合交通枢纽、济南“东拓”战略的标杆项目，历时近3年的规划设计及建设过程，2018年12月26日，济南东站综合交通枢纽建成启用。该综合交通枢纽功能复杂，与城市联系紧密，在规划设计阶段有许多值得借鉴的突破和创新。

济南东站综合交通枢纽的建成，离不开济南市委、市政府的正确决策和领导，离不开各参与单位的积极配合和支持，离不开建设者的辛勤付出，离不开社会各界的支持和关心。本书全面系统地展现了济南东站综合交通枢纽的建设历程、结构特点，从筹备、编写到审稿、出版，倾注了各位参与者的心血和智慧，得到了大家的积极支持。借此机会，向所有参与此项工程建设、参与本书编撰出版的中国铁路设计集团有限公司、济南市规划设计研究院、济南市市政工程设计研究院（集团）有限责任公司、济南城建集团有限公司设计研究院、美国卡尔索普事务所等单位和人员表示崇高的敬意和衷心感谢！

编　者

2019年12月